自闭症儿童社会规则训练

The Asperkid's Secret Book of Social Rules:
The Handbook of Not-So-Obvious Social Guidelines for
Tweens and Teens with Asperger Syndrome

［美］Jennifer Cook O'Toole 著
倪萍萍 译

图书在版编目（CIP）数据

自闭症儿童社会规则训练／（美）奥图尔（O'Toole, J. C.）等著；倪萍萍译. —北京：中国轻工业出版社，2016.5（2023.1重印）

ISBN 978-7-5184-0798-9

Ⅰ.①自… Ⅱ.①奥… ②倪… Ⅲ.①缄默症-儿童教育-特殊教育-家庭教育 Ⅳ.①G76

中国版本图书馆CIP数据核字（2015）第321048号

版权声明

Copyright © Jennifer Cook O'Toole 2013
Illustrations copyright © Brian Bojanowski 2013
First published in the UK in 2013 by Jessica Kingsley Publishers Ltd
73 Collier Street, London, N1 9BE, UK
www.jkp.com
All rights reserved
Printed in China

总策划：石　铁
策划编辑：戴　婕　　　责任编辑：戴　婕
责任终审：腾炎福　　　责任校对：刘志颖　　　责任监印：吴维斌

出版发行：中国轻工业出版社（北京东长安街6号，邮编：100740）
印　　刷：三河市鑫金马印装有限公司
经　　销：各地新华书店
版　　次：2023年1月第1版第5次印刷
开　　本：710×1000　1/16　印张：17.25
字　　数：128千字
书　　号：ISBN 978-7-5184-0798-9　定价：46.00元
著作权合同登记 图字：01-2015-3715
读者热线：010-65181109，65262933
发行电话：010-85119832　传真：010-85113293
网　　址：http://www.chlip.com.cn　http://www.wqedu.com
电子信箱：1012305542@qq.com
如发现图书残缺请与我社联系调换
151373Y2X101ZYW

推　荐　序

十几年来，有关"来自星星的孩子"——自闭症儿童这一主题的内容不断受到人们的关注。电影《海洋天堂》的热映让公众很快熟知了"自闭症"这一名称，也让人们看到了自闭症孩子的一些特殊表现以及父母在养育过程中的辛劳与焦虑。而更多挑动公众神经的则是不断出现的有关"普通学校或者普通学生家长拒绝自闭症儿童入学"方面的负面新闻事件报道。在这些报道中，我们可以看到多方成员所面临的挑战及所遭遇的困境。无论是学校、老师，还是普通孩子和自闭症孩子的家长，他们都需要更深入的专业支持。

无论自闭症是由何种原因导致的，但无可争辩的一个事实是自闭症儿童的数量一直在增加。已经毕业十多年的学生回忆，十几年前刚刚工作时，学校里每个班级最多有一个自闭症孩子，全校最多也只有五六个。但是现在，情况已经发生了很大的改变，普遍情况是一个班级中大约有两三个自闭症孩子，有的班级中甚至一半的孩子是自闭症。从我本人给特殊儿童家长做咨询的经历来看，这几年来咨询的家长大多数是自闭症儿童的家长。按照2014年美国疾病控制与预防中心发布的自闭症发病率统计数据，2002年出生的孩子，自闭症发病率为68∶1，其中男孩的发病率为42∶1。这是一个事实！当今世界，父母比以往有更高的概率生育一个自闭症儿童，而教师也比以往有更多的机会遭遇自闭症儿童。

很多人都会问，为什么自闭症儿童的数量一直在增加？目前谁也无法回答这个问题。但不管原因如何，对于家长和老师来说，所面临的挑战一直以来只有一个：就是如何支持他们、帮助他们，让他们也能和其他孩子一样有一个更好的发展空间，最终能适应生活、适应社会。在自闭症孩子的成长过程中，每一位父母都经历着同样的痛苦与煎熬。在咨询以及与家长合作的过程中，我能深切地体会到这种痛苦与煎熬，父母自身需要支持与帮助，也需要成长，但更能让他们受益的肯定是自助。正如一些家长所说，最能帮助自闭症孩子的是父母。父母是最揪心的人，也是最愿意投入时间、精力和金钱去帮助孩子的人。我见过不少家长，他们花费了大量的时间和金钱，辗转全国，甚至去国外寻求治疗，他们阅读了很多的资料，抱着极大的期望去尝试各种治疗和干预训练方法。在中国，绝大多数自闭症康复训练机构都是由这样的家长所创办的，他们秉着一腔期望，在自己孩子身上实践各种干预训练方法，然后再致力于让其他自闭症儿童及其家庭受益。

按照《精神疾病诊断与统计手册》（第五版）的诊断标准，自闭症谱系障碍儿童的症状表现为：在跨越多场景的社会沟通和社会交往上存在持续性缺陷；活动重复、行为刻板以及兴趣狭窄。但每个自闭症孩子由于其认知能力、语言能力、运动能力等发展水平不同，各有差异，在谱系中的位置也不尽相同。一些自闭症孩子由于认知功能水平较高，可以学会语言，也有社交意愿，但在社交技能尤其是涉及社会情感的沟通方面存在普通人难以理解的障碍，这一障碍将会影响他们与他人的相处与交往。随着自闭症孩子年龄的增长，社会交往范围的扩大，其负面影响会越来越明显，而严重的自闭症儿童可能连社会交往的意愿也明显缺乏，长时间沉浸于重复刻板的自我刺激行为中。如何在儿童早期对他们开展针对性的干预，发展其社交技能，是研究者、教育工作者和家长最关心的问题。

这也是翻译此套自闭症儿童家长用书的初衷。我们希望通过此套书，能够让家长拓展视野，学会利用日常生活中各种与儿童的接触机会，逐渐发展孩子与外部世界的联系，促进他们社交技能的提高。本套书共三本，但各有侧重。

《与自闭症儿童一起做游戏》这本书着重指导家长在日常生活中利用各种资源与儿童一起游戏，并在游戏中促进他们各方面能力的发展。游戏是儿童早期发展的重要途径，游戏的本质是玩与乐趣。让自闭症儿童在游戏中体会乐趣，继而更投入到游戏中，享受与人相处，从而与人建立良好的沟通关系，提高社交技能，是本书的重心所在。

《给自闭症儿童父母的101条建议》这本书介绍了不同于应用行为分析的方法——Miller法，其主要内容是指导家长如何利用自闭症孩子的潜能与优势，发展他们的共同注意、互动沟通技能，以及如何处理他们的发脾气行为等。

《自闭症儿童社会规则训练》这本书则是从一个自闭症人的角度详细介绍了这类个体在人际交往中遇到的各种问题以及基本的社交策略，并解释了为什么这么做的原因。该书能够帮助自闭症孩子更好地了解和学习正常个体在人际交往中的基本社交策略，同时也能让家长、老师以及其他人员更好地理解自闭症孩子的社交行为，调整与他们相处的方式，容忍并接纳他们非常规的一些社交行为。

这三本书语言通俗，有些甚至非常口语化，完全不同于学院派的写作风格，而且因为是当事人的真实体验与实践，因而对自闭症孩子及家长更具有参考和指导价值。在自闭症儿童早期干预领域，创造性地利用生活中的各种资源，设计契合他们需求的干预活动或者游戏，才能真正帮助他们。这套书提供了很多制作玩具、设计游戏的策略与思路，有关干预以及如何与他们相处的建设性建议有时甚至会给人脑洞大开的感觉！

感谢策划出版本套书的出版社——中国轻工业出版社"万千心理"一直以来对特殊儿童教育与干预工作的关注，使得我们有机会翻译这套书，也感谢本套书的编辑戴婕老师的大力支持！

对于书中译文的不当之处，敬请读者批评指正。

昝飞
2016年1月于上海

致　　谢

在生命的某一时刻，你可能会发现自己是某个更大事物的一个组成部分。对我而言，"当下"就是这生命中的特殊时刻。此刻，我非常感动，因为我有幸在这场世界性"自闭症"对话中发言。此刻，我更万分荣幸，因为我有机会将我的生命经历作为礼物，送给下一代的自闭症孩子。千言万语说不尽，道一句，谢谢你！

谢谢自闭症孩子的父母们，也谢谢那些重获自信的孩子们，是你们让我能开怀大笑。谢谢你们如此信任我，与我分享你们的经历，是你们让我变得优秀。

谢谢那些让我认识真我的人们，无论你们用的是关爱还是伤害，不论你们用的是坚持还是放弃。谢谢你们让我有机会展现我的本性。

谢谢"超级杰茜卡"("Super Jessica"Kingsley)以及她出色的出版团队。谢谢你们再次信任我。我万分感谢你们的远见和努力，我何等荣幸能够被标上JKP这个标记。

谢谢你——布莱恩。谢谢你日以继夜的工作，将我疯狂的想法以及滑稽的字句编入真实的生活之中。谢谢温迪和男孩子们，是他们的慷慨，你才得以有空帮助我。谢谢你们一家和我持有同一个信念：这从一开始就不光是关于我们这么简单。

谢谢亲爱的朋友们——艾琳，洛丽，阿曼达，还有伊莉莎白，是你们一直以来对我不断的鼓励与支持。无论生活发生什么，你们总在那儿。每一天，我都因你们的存在而受到激励。

谢谢亲爱的妈妈。我知道你最讨厌学外语了，可你却可以为我如此努力学习"自闭症"语言。从心底说一句谢谢你，我爱你，妈妈，我更以你为荣。此外，也把粉红玫瑰送给爸爸，我想你了。

我的自闭症孩子，也谢谢你们——莫里、肖恩和加文(我的小情人们)。你们每一个都将是明天最独特、最珍贵的一分子。我相信你们一定能改变世界。谢谢你们来到我的生命之中。

最后，谢谢我的丈夫，我最好的朋友。我爱你，自闭症男。和你在一起的时光如此惬意，生活中充满了美味与香气。我们是一生最好的朋友，我们一起写成了这本书。

目　　录

"当我想要、需要这本书时，它在哪儿？" …………………………… 001
引言　规则、假装和学说一门外语 ………………………………… 003
必须知道的　简明扼要的潜在规则 ………………………………… 017

关于所需知道的，你必须知道点什么？
让规则变得有意义

- 1. 无法发明灯泡的方法：为何凡事先难后易 ……………………… 027
- 2. 如厕训练规则：知道何时该说谢谢 ……………………………… 034
- 3. 因此，你留意到了他人的好心：说谢谢你的技巧 ……………… 040
    摘录的话 …………………………………………………………… 047

- 4. 对不起：最难说出口的话 ………………………………………… 048
- 5. 拼写狂魔的故事：做对事与被接纳 ……………………………… 054
- 6. 不完美的完美：恭喜！你只是个凡人 …………………………… 062
- 7. 但是我没有笑：嘲笑你与一起笑 ………………………………… 068
    摘录的话 …………………………………………………………… 073

- 8. "噗！"你太有意思了！
    通过对他人感兴趣来让自己变得令人感兴趣 …………………… 074

- 9 · 魔镜！魔镜！反射，反射，反射……079
- 10 · 不用谢：赞美的力量……087
  摘录的话……092
- 11 · 碎了的意大利面：像湿滑的面条一样思考的好处……093
- 12 · 煮通心粉：如何让思维变得灵活……097
- 13 · 你必须抓住枕头：为什么批评这么重要……103
- 14 · 深吸一口气，当心那椰头：了解如何处理批评……108
- 15 · 说三明治语，并提出建议：了解如何给予好的反馈……114
  摘录的话……120
- 16 · 未经过滤：善意的谎言和信任……121
- 17 · 技巧和三重滤网：多诚实是太诚实？……126
- 18 · 真的？他们到底是什么意思？……131
- 19 · 我需要的是雨伞还是方舟？分清高山和小土丘……136
- 20 · 脾气，脾气：明天会有更多的苹果汁……141
  摘录的话……150
- 21 · 希腊女神的科学：Hygeia，Aphrodite，为啥她俩是闺蜜……151
- 22 · 乘泡泡出门：只有神经典型人看得见的透明界线……159
- 23 · 选择和手段：如何识别朋友……168
- 24 · 谁是谁，什么是什么：友谊的层级和保鲜膜……175
  摘录的话……184
- 25 · 昂首挺胸站起来：自我倡导，生气创可贴和被听到……185
- 26 · 自言自语：内部对话和老磁带……193

- 27 · 关注、推送和短信：所需知道的网上礼仪 …………………… 200
- 28 · 最可爱的曲线和一扇开着的门：
  淑女品质和绅士风度仍然活着，活得好好的 …………………… 210
- 29 · 除了土豆泥之外还有很多好吃的：错失全局 …………………… 219
- 30 · 欺负，打小报告和蜂后：从欺凌者那里夺回你的力量 ………… 227
- 31 · 透过镜子看自己：解嘲自己但不沦为笑柄 …………………… 234

便签条 （自闭症人的真相便签条） ………………………………… 240

练习部分 …………………………………………………………… 247

插上叉子——我们完成了 结论 …………………………………… 260

参考文献 …………………………………………………………… 263

"当我想要、需要这本书时，它在哪儿？"

1990

亲爱的日记：

这究竟是怎么回事？为何这个世界可以如此智能却又毫无提示？似乎我周围的每一个人都说着一门我听不懂的语言。我观察他们，我也倾听他们，模仿他们，甚至常常扮演他们的角色。你听说我的新绰号了吗？网球队的队员们叫我"开心头脑"。他们给我起这个绰号是出于好意，我想我已经成了学姐们的最爱了。他们有可爱的红头发，脸上还挂着微笑，尽管有时这笑容看起来有些不太自然，有些僵硬。现在，我一想到被排挤、被孤立的感觉就整个人都不好了。尽管你我都知道，我每次都能成功地把事情搞砸，只要时间够长，我准能毁掉友谊。说真的，我好希望别人能教我一些规则，让我成为一个正常人。如果有这样的书，一定要告诉我，因为这似乎是我唯一没读过的一本书了。

亲爱的
Jenny

2012

正如我所预料的，当时并没有有关社会规则的书籍。当时并没有有关秘密规则的解释说明，尽管我当时知道有这些规则，但始终没能把它们弄明白。我当时就知道有这么一套规则，我非常确信。周围的每个人似乎已经掌握了这套规则，但是我却没有。一次又一次，当我还没意识到发生了什么的时候，我已经把事情搞砸了。然后，我只能努力掩盖我的过错，结交新的朋友。过去的34年就仿佛一场无尽的循环。直至我听到了"自闭症"这个词，突然之间，我仿佛明白了一切。一切都有了意义。虽然当时并没有社交规则手册，但是，现在有了。这本书部分是解密文件，部分是我的胡言乱语，但都是我的肺腑之言。我把这本书献给你们！

欢迎阅读这本社会规则手册

引 言

规则、假装和学说一门外语

我们自闭症人跟规则有一种微妙的关系。一方面，我们喜爱规则。对我们而言它们就像容器店里能将相同容器套在一起的整理桶。能套在一个桶中的，属于同一类；不能套在这个桶中的，不属于一类，应该放在别处。与此相似，规则告诉我们什么该做，什么不该做。规则帮我们避免了很多混乱、困惑与压力。当世界变得混乱与未知时，是规则让我们冷静下来。规则，可以说是自闭症人最好的朋友。

另一方面，有时我们对规则的理解太过死板。比如，有关健康饮食的规则有时竟成了刻板的"就餐仪式"，最终限制了我们的社交活动；关于认真做作业的规则有时演变成了"完美主义"，最终我们感到无比焦虑。因此，关于规则的最大规则便是绝对不要把它们理解得太绝对。这听来令人感到费解，但又千真万确，因为生活中总会有意外、其他情况以及特殊情况。你知道吗？其实并没有人能够做到完全遵守规则，绝不违背。我们自闭症人确实更喜欢"非此即彼"，而不是"有时候"、"可能"。正是因为如此，我们中的大多数人喜欢那些具有预测性、逻辑性的游戏、娱乐和故事。连我们的想象也更接近事实与真相，我们可不喜欢那些"邪恶"的科幻小说、奇幻小说或历史小说。怎么说呢？"可能"那些虚幻的想象就是不合我们胃口吧！

现在你可能已经注意到了，我一直在用"我们"，而不是"你们"。那是因为我也是一名自闭症人。如果你正在读这本书，而你恰好是一位自闭症孩子，那么你已经经历了一个大事件。你真是太幸运了！因为你已经知道你的大脑跟别人的不一样。而我，直到成年，才知晓自己是一名自闭症人，发现我的丈夫以及我的三个孩子也是自闭症人。这也就意味着，曾有三十四年的时间，我试图像其他人一样生活。事实上，我并不与他们属于同一类。在成长过程中，我因超群的记忆力而备受关注。当时并没有"自闭症人"、"自闭症儿童"或其他类似的词来称呼我们，那时我顶多被叫做"词典脑"或"无所不知人"。

随着年龄的增长，我慢慢走上了人生大舞台。在两岁时，我就觉得在上百人的大舞台前跳舞比在一个小房间里与其他人交谈要容易得多。因为在舞台上表演你有一段现成的台词脚本或一套设计好的舞步，你只要按部就班照着做就可以了，很少会搞砸。至少对于我来说，搞砸的情况极少出现。随着我有越来越多的机会在舞台上表演，我在舞台上扮演的角色甚至渗透进了我的日常生活中。我常常不能区分我是在生活还是在表演。我将太多的脚本记在脑中，很多的身体动作、语言、词汇已经编入我的大脑里，所以我能自如地在生活中"表演"，甚至成了一朵"交际花"。

告诉你们吧，真见鬼！我其实不过是一名"演员"而已。我甚至在真实生活中都穿着戏服：拉拉队的统一服装，女生联谊会的徽章，蓬松的头发（那是20世纪90年代的流行发型）。我将社交游戏玩得炉火纯青，别人因此给我起了个外号叫"调情女王"。那时候，我觉得自己非常酷。但现在回想起来，我感到非常难过。当时，我并不知道自己是一名自闭症孩子，只知道自己花了很多年才学会恶作剧、才学会逃学、才学会开玩笑，才学会嘲讽他人。很多个晚上我为明天一早要去上学而默默流泪，很多个中午仅仅为了避免去食堂找座位，我躲在学校外面的小树林里偷偷吃饭。因此，当有机会去扮演一个"交际女"或"万人迷"的时候，我便牢牢抓住了那个机会，并将其发挥到极致。这个机会让我从一个"人际呆子"变成了"万人迷"，这对我来说似乎是一大步的自我提升。然而，这不是所谓的"自我提升",因为我只不过在以他人对我的评价定义自己。我不知道如何去表现真我(木讷中带点活泼),如何去感受快乐。尽管我将自己的角色扮演得很好,但是我常常不能像神经典型*人那样与他人自如地交谈。我不知道什么时候会出错,不知道什么时候会打扰、惹怒、伤害一些人,或是令他们感到尴尬和失望。在大学期间,在一个接一个的工作岗位上,似乎不论我走到哪儿,不论我想融入哪儿,我总感觉自己像一个"装模作样"的套中人,只等着被人家发现我不过是个"假"的正常女孩,然后把我赶走。

大约在两年前,我被诊断为自闭症,一切都随之改变了。这个诊断说明我并不是一个"次品",只是有点"与众不同"。我不必再为自己犯的社交错误感到伤心,因为这就跟我长了一头红发、是个女孩一样自然,这是天生的。我们自闭症人就是生来"与众不同"。比如,我们无须费力就能在别人并不在意的微小细节上琢磨好几个小时,我们从内心深处对是非概念有深刻的领悟。成为自闭症人的一员,没有好坏之分,这只不过是一个事实,如此而已。正如我不可能拥有一头乌黑的头发,正如我不是一名男性。对这些事实我都能很好地接受。当然我也接受我永远不可能是"神经典型"人这一点。那不是我的一般状态,如果你也是一名自闭症人,那也不会是你的一般状态。

理解自闭症人,在某种意义上意味着我可以原谅自己一路所引发的混乱。那种感觉太棒了。就像我女儿说的"这意味着当别人了解自闭症时,我在他们眼中就不再是个小笨蛋了"。是的,她不是笨蛋,我也不是,你也不是。但这也意味着,要在这个大多数人与我们思考方式不一样的世界中与他人和谐共处,我们必须学习他们的规则。可问题是,从来没有人花心思给我们解释这些规则,他们只是寄希望于我们自己能掌握这些规则。我们当然会学习这些社交规则,或者说,至少我们应该学习。简单说来,

---

* 神经典型,是自闭谱系障碍人士对普通人的形容,形容那些不具有自闭谱系障碍、多动症、读写障碍等障碍的普通人。——译者注

社交规则能让我们周围的人感到很自在。当他们觉得在我们身边很自在时，他们会更愿意与我们相处。如果人们愿意与我们在一起，那么，我们便更容易从老师那儿得到帮助，更容易找到小团体、找到健身的伙伴，更容易找到毕业舞会上的舞伴，甚至更容易找到工作。然而，作为一名自闭症孩子，我们学习与玩耍的方式与其他孩子的不同，因此，我们也并不像其他孩子一样可以自己主动掌握"社交礼仪"，或者说"秘密规则"。

哪些是与生俱来的，哪些不是

心理失明

"礼貌"，一般来讲，是一种引导特定人群如何对待同组中他人的传统或习俗，其目的在于让社会互动更轻松，更顺畅。多一些"我们"，少一些"我"。"礼貌"在不同的社会中有不同的内涵。在中东，把脚底露给他人看是一种非常冒犯和粗鲁的行为。在日本，不脱鞋就走进他人家里则是对他人的侮辱。在保加利亚，点头表示"不"，摇头表示"是"，但在大多数国家，意思却正好相反。阿根廷人常常希望你在约定时间的30分钟之后到达，而绝大多数国家将这种"迟到"行为视为不守时、高傲的表现。在美国，只要驾车车速超过规定限速5英里，理论上就是违法，但很多时候，如果你不想阻碍交通，你就不得不超点速。

从一个地方到另一个地方，规则有所差异，因此规则是相对的。期望会随着时间而改变（比如，女性走向工作岗位），也会随着场景而不同（一般来说打电话聊天是可以接受的，但在餐厅中这样就不礼貌）。

所有这些模模糊糊的规则真是把我们彻底弄糊涂了，难道不是吗？他们是真的很粗鲁还是在使用讽刺？还是说他们既使用了讽刺又很粗鲁。天哪！为什么就不能简单一些呢？为什么这些"滑稽"的规则对我们来说如此神秘，而对于神经典型人却不是如此呢？

通常,我们的困惑源自两方面的挑战。第一个叫做"心理失明",指的是我们需要花费很长时间的努力才能搞清楚别人到底是怎么想的。哦,我们以为自己知道别人在想什么……,但常常,如果我们没有去询问的话,我们并不清楚。

请注意!心理失明并不是说自闭症人是冷漠的。一旦我们发现他人的感情受到伤害,比如害怕、孤单,我们也可以是他们身边最具同情心的人。那就是悲悯之心,为他人的不幸而感到伤心、难过。真见鬼,我同情心太丰富以至儿童时期的我都不能读《夏洛的网》(White, 1952)*这本书,一看到电视上播放的饥饿救助广告或者动物保护广告,我便只能跑去把电视机关了,我的心承受不了它们带来的疼痛。同样奇怪的是,我的儿子,一个自闭症孩子,在发现动画片中人物感情受到伤害时,也会这么做,他会匆匆跑开。我的父亲,一个标准的自闭症男,一旦有人哭泣,便会默默离开。他不是冷酷,恰好相反,是因为他感受到的悲伤强烈地让他难以承受。

我毕业之后的第一份工作是社会工作者——专门帮助遭受家暴的孩子,以及教授感到迷失、被抛弃或者被孤立的学生。在过去,弱势者总是我的最爱;将来,也是如此。所以,当别人告诉你自闭症人无法感受他人的爱时,千万别听他们瞎说!他们大错特错。虽然我们看起来没什么感情,但是事实绝非如此。

另一方面,同情心和同理心是两件完全不同的事。同情心,我们已经非常了解。同理心,则是一种感受的能力,能够意识到和分享另一个人的情感。不得不承认,同理,并不是自闭症人的强项。尽管,我们自闭症人具有悲悯之心,但是我们不得不仔细思考,甚至被直接告知,才能了解他们的观点。我们并不生而就具有同理心,但这并不意味着我们是坏的、卑鄙的、冷漠的,这只是表明我们必须通过思考才能理解神经典型人直接

---

* 《夏洛的网》(*Charlotte' Web*),一本美国儿童小说,讲述的是小猪和蜘蛛夏洛之间互助互救的故事。该书用词简单,通俗易懂。——译者注

能得到的。

反过来，神经典型人需要反复学习、拼命尝试、不断巩固才能记住的东西，我们却常常不费吹灰之力就能记住。这不是哪一种头脑更加优秀的问题，只是不同大脑的方式工作不同。正如神经典型人需要拼尽全力才能记住时间表、方程式和花边新闻，我们则需要做足功课才能学会社交规则，在这个神经典型人主宰的世界中行走。

冲动

就我个人经验来讲，我觉得我们自闭症人是有那么一点"冲动"。刚一张开嘴就说出了完全不想说出口的话。随后，我们会为自己所犯的愚蠢错误而自责不已。我就是这样，而且常常这样。

就算我们能够弄清他人的想法以及我们的反应会如何影响他们的行为，我们还是会在思考之前就冲动地做出反应。更糟糕的是，我们的冲动行为常常不是我们想表现的行为。对我们而言，尴尬的社交场景常常是这样的——"哦！糟糕！我又说的太多了！"或者"哦，真是难以置信，我刚才竟然会那么说。"

当我女儿还小的时候，我就开始教她走迷宫。从出口开始，然后一路往回走，去寻找起点。如果你知道要去哪里，那么就可以更加有效地计划路线。这个道理似乎适用于很多事情。

如果你想要做一顿完美的晚餐，你得先计划自己是要做咖喱鸡块，还是意大利面和肉丸，如果是前者，那么从杂货店就可以非常方便地买到需要的食材，而且还省时。

事实就是如此。我们不是做不到和其他人一起玩耍，我们就是需要花费比神经典型人更多的时间去思考、谋划和计划每一个步骤。如果我们不这么小心翼翼，可能在一切开始之前，冲动就已经破坏了我们为社交做出的一切努力。

学着讲"社交自在"语

所有这些思考、计划和困惑可能会引发你思考以下这个问题：真的有必要这样吗？要做的准备工作实在是太多了。没关系，慢慢来，我了解你现在的感受，我曾经也这么想过。事实上，即使现在，我有时也会这么想。对我而言，最幸运的事情是：我（偶然地？）和一位自闭症男结婚了，并且还养育了几个可爱的自闭症宝宝。无须过多的思考和解释，我们就能明白彼此的心意。但是，我的成长经历并不像现在这么顺风顺水。此外，当我走出家门口的时候，事情也不像在家中那么简单了。

因此，实际情况是，如果你不想学这些规则，那么你也可以不学。一切都在于你的选择。但是，选择就意味着承担选择的结果。如果你想要一份工作、一次约会、受到邀请，交到朋友甚至是与家中的神经典型人和谐相处，那么你就不得不学习他们的语言——"社交自在"语。这门语言你可能永远都不能说得很溜，可能一直会带着"自闭症"的口音，但是你至少可以试着去说。

想象一下你搬到了另一个国家居住与生活，你必须讲他们的语言，了解他们的习俗，遵守他们超级复杂的法律条文——但没有一个人对此进行解释，你会有何种感受？如果你一不小心搞砸了，你可能（非常可能）被解雇，被嘲笑，被排挤，甚至被逮捕。那样公平吗？当然不！

但是这就是我们的现状，努力尝试遵守"隐形"的社交规则，却从未得到任何一本指导手册。对我们而言，这根本就不是规则，是秘密！难怪我们常常感到被孤立！你无法预知那些不按照你预想方式运行的事物，就像我不可能在醒来睁开眼睛的那一瞬间就知道自己要干什么。需要有个人来帮我们解释一下周围发生的一切。

社会心理学家试着预知人类行为。他们是一群研究人类互动和建立联系的科学家。他们用神奇的术语"社交准则"来形容隐形的社交规则。科学家说人们相互观察、不断思考。思考会引发感受，人们依据感受做出反应。这便形成了一个循环,神经典型的人观察、思考、感受、反应。

"秘密"规则只不过是大的因果事件的一部分。你在何种程度上遵从规则(原因)决定了神经典型人以何种方式对待你(结果)。**做别人所期望的事,奖励便是你被这个群体接受。不这么做,人们(不论大人还是小孩)就感到被威胁、不适,甚至尴尬和恐惧**。他们会因此发狂。糟糕的结果随之而来——欺负、嘲弄、恶作剧等,这便是惩罚。"要不归队,要不滚"是最基本的信号。这并不会随着你的长大而改变。

抓 住 枕 头

好的,我们已经到达了第一个"抓住枕头"的时刻。我知道你现在一定一头雾水,什么叫抓住枕头呀?跟着我,别紧张。我的一位朋友——一位精神病学家——Irm Bellavia 博士,让我大开眼界。她要求一位自闭症孩子想象她沙发上的抱枕是一件件重要且艰巨,但又必须听清楚的事。这不是出于恶意,也不是故意为难,而是正儿八经的话。然后,我的朋友就开始一个接一个地把抱枕仍给孩子。一开始,他俩相互试探,孩子不知道该怎么做,有时他会把抱枕扔回来。后来,我朋友说:"抓住,抓住它!"。她耐心等待孩子做出反应。慢慢地,孩子学会了抓住枕头。这一个过程是我们都必须学习且必须做到的,我们需要坚持,并且学着接受我们也会错,即使没有做错,至少也是没能自己解决问题。

我们的大脑没能自带"社交自在"这部词典,但是神经典型人的大脑却有。因此,他们能够自动地测量"社交温度"。在无意识情况下,神经典型人便能检测彼此的身体语言以及语调,并轻松地发现他人对自己的看法。当神经典型人发现自己引发了他人的不适或者令别人感到困惑时,他们便会及时修正自己的行为,以便创造让人舒适和愉悦的氛围。

对我们自闭症人而言,这种能力并非与生俱来。我们既不能自觉注意，更无法理解我们的行为竟会影响他人对我们的看法。在成长的过程中，我被欺负过、嘲笑过、也被孤立过……这些并不是我的错。但是，（我现在正抱着枕头呢！正在承认错误呢！）回顾过去，我发现自己并没有解决问题。事实上，不用细想，我便发现自己曾做了那么多自以为是、蛮不讲理、唯利是图的事儿。但当时，我并不清楚我的行为竟会影响他人对我的看法。

当我们表现出他人预期之外的行为时，别人就会感到不舒服（可能表现为发飙、焦虑、尴尬、困惑）。当感到不舒服的时候，他们便会反击，让那个让人不舒服的人走开或者改变。

他们可能甚至还会因此变得具有攻击性，但他们这么做仅仅是为了重获控制感而已。这便是"欺凌"发生的原因。如果你感到"边缘化"、被孤立、被伤害，这些并不是你的错。这些都不是你应得的，你也不必太在意。但需要指出的是，你可能正做着一些让人不舒服的事儿，比如你可能无意间打破了社交规则——难道你不想知道吗？你可能可以做一些事情，让每个人在一开始就都感觉很舒服。这并不会改变你的本质，绝不会。你所做的仅仅是学习一些神经典型世界的习俗。这会让你在神经典型世界过得容易一些。

秘　　籍

在确诊之后，我便开始着手写这本社交秘籍。一开始，我只是将观察到的"人群模式"收集起来。我发现，总的说来，神经典型人的世界并不是我所想象的那么毫无章法。事实上，经过仔细的研究，我发现这其中呈现出某种趋势，似乎有一些规律。

如果现在市面上还没有一本关于这些"显而易见"事情的书，那么我不得不站出来写一本。为了更出色地完成这个工作，我尝试着弄清规则背后的信念——以便弄清背后的逻辑并使思想前后连贯。我们自闭症人很擅长逻辑。如果告诉我们事情背后的逻辑，即使这个逻辑有些牵强，我们也能很好地遵守规则。但如果我们对其背后的意义一无所知，那么事情可能就有些棘手了。

因此，我给自己准备了一本空白的笔记本，随时记下一些"透明"的规则。我拿自己当试验品，结果发现这些"规则"居然奏效了。当然，这里的"奏效"并不是指我收到了鲜花或者掌声，而是我发现神经典型人没发现我做了这么多功课才做到这一点。我就像一个穿着隐身衣的自闭症间谍，潜伏在神经典型人的世界，艰难地避开了所有社交雷达。我不再挑起事端，伤害他人，而是变得冷静，彬彬有礼。就这样，社交秘籍就这么诞生了。

我刚着手写这本书时，我的孩子们就要求我写一本儿童版的社交秘籍。我女儿特别提醒我：当我用生动的故事向她解释那些复杂的规则时，规则就容易理解多了。尽管这些故事大多源自我本人的尴尬时刻，但我并不因此而感到尴尬。我也明白，没有人喜欢被嘲笑。正因如此，《伊索寓言》中故事的主角大都是各种动物。但是，为了让规则更好理解，我愿意把自己的故事分享给大家，我也相信大家不会因此嘲笑我。

现在，我把这些故事分享给你。通过仔细的观察（当然这个过程中也必然经历了很多混乱），我总结出了自闭症人所需知道的最重要的"神经典型规则"。

接下来是什么？

- **138条简明扼要的必知规则**：认真研读，必要时，及时回顾。
- **31个关于必知规则的迷你章节**：如果不对这些规则加以解释，我们就很难明白。这些章节中我把神经典型语言翻译成了自闭症语言。

- **便签条**：非常简短，便签条一般大小的内容。这些内容无须解释，但却不得不说。
- **练习部分**：6 幅漫画故事，你可以看到先行者是怎么做的。
- **插上叉子和你真正需要的资源**：这些资源会让你在这个世界中成为一个骄傲、自信、令人惊叹的人。

我多希望小时候就有人耐心地教我每一条"隐形"或者"秘密"的规则，正如我现在把它们教给我的孩子，也把它们分享给你。即使我教会你这些规则，我也仍然无法保证你从此之后就能过得一帆风顺、如鱼得水。即使你已经将这些规则练得炉火纯青，你还是会遇到那么一两件糟心的事情，让你感觉如坠地狱，感觉一切又都回到原地。别气馁，即使是神经典型人他们也会遇到相似的情况。

一些规则可能对你来说非常简单，另一些则不是。慢慢读这本书。当你搞砸的时候，请大方地原谅自己。我们都会犯错。如果你想完美无缺，很抱歉，这本书里可没有这回事儿。你能在这本书中找到我对你的真心告诫以及一大堆我的尴尬事。记着，尽管我比你年纪大，但我也仍是自闭症人的一员。我在这儿并不是想告诉你：我把一切事情都做得完美。如果你仔细读，你会发现我只是希望你置身事外，勇敢地听我唠叨，在读到我的尴尬瞬间时，可以开怀大笑。

不得不承认的一点是，你可以对某个"规则"或社会期望有不同的意见。我记得我曾经写过一篇《为何我认为提这个问题是错误的》的历史散文。在那个过程中，我明白了一个道理"事实如此"。有时候规则就是规则。当然你也有选择权。你可以说一句"随它吧"，然后转身离开……当然你得接受这么做的结果。要不然的话，既然事实如此，不论你喜欢还是不喜欢，规则就是规则。

永远的自闭症人

非常重要的一点是：千万别假装成另一个人，千万不要。还记得我说过我常感觉自己像个套中人，像个冒牌货吗？那样活着真是太糟糕了。这些规则并不是要"嗖"得一下把你变成一个神经典型人。做一个自闭症人并不是一件要遮掩的事情，相反，这是件值得开心的事，甚至是一件值得骄傲的事。这其实是一件好事。我们中可产生过托马斯·爱迪生、比尔·盖茨、玛丽·居里这样的大人物呢。

信息常常会促进理解，而不是引发误解。我和我的孩子都发现诚实地面对我们是谁，我们如何思考是一件正确的事。你可能会请心理专家去你们班讲解什么是自闭症，让他来告诉大家不同的大脑以不同的方式进行运转——两者没有好坏之分，只是不同而已。你知道吗，对我们认为重要的事情，我们可以专注很久，但对其他事情，我们可能就会显得有些心不在焉。我女儿的治疗师就曾在她的班级中办了类似的讲座。这个讲座受到了所有孩子和老师的欢迎。孩子们甚至给她起名叫"勇敢"，还将自闭症的故事分享给家人。

那些愿意了解自闭症的孩子，就是你应该留在身边做朋友的人。如果你周围的同伴对此一点儿也不在意，那么你最好寻找新的伙伴。你理应受到别人尊重。"假装成为正常人"令人身心俱疲。所以，大胆地做自己吧，并尽最大可能利用规则来帮助自己和周围的神经典型人友好相处。

告知还是沉默，那是你的权利。我再次重申，这些规则不是逼迫你假装成其他人。这些规则是为了让你，让我们在与朋友相处时更加自信、让我们更好地成为自己。如果你是一个移民到美国的爱尔兰人，或是移民到爱尔兰的美国人，你迟早会学会当地人的语言，但是你总会带着一点祖国的口音。这就像试图弄明自闭症人的神经典型人，或者遵循神经典型人规则的自闭症人。我们永远不会丢失我们的特性。我们只是学着更好地与人沟通。你不必勉强自己喜欢每一个人。因为不论你怎么做，也无法让所有人都喜欢你。但是，当生活把我们聚在一起的时候，我们确实需要学习"好好玩的规则"，这样，我们才能继续愉快共处。

在你读完这本书之后，请你回过头，再把它读一遍。经验会将你需要的一遍又一遍地传递给你，直到你完全掌握。你见过铺着塑胶跑道的操场吧，就是那铺着像垫子似的，软软的圆形小颗粒的操场。可是，我们的真实生活可跟塑胶操场不太一样。生活更像是老早前的石子路。走在上面，你总会时不时地摔倒，弄伤自己的胳膊或是膝盖。如果你摔倒了，你会怎么做？坐在原地？哭泣？尖叫？我希望你能站起来，拍拍身上的尘土，继续前进。摔倒7次，就站起来7次。将我当做你的支撑——用来依靠并勇敢站起来的帮手。

在我原来的规则手册的封面上有一句箴言"正当毛毛虫觉得一切都完了的时候，它长出了翅膀，变成了蝴蝶"。好多次，我想要蜷缩在角落，躲起来。多年之后，有时我也仍有想要躲藏的念头。但实际上，我从未因尴尬而退却，你也可以跟我一样。就像那只毛毛虫，当没有规则指引时，你觉得分外迷茫。但当有了这本介绍社会规则的书，你就有了飞的可能。

如果你读完了这本书，却没有记住以下任何一条规则，那么请你一定用心记下这一条，把它写在小纸片上，贴在你浴室的镜子上，或者其他你经常看到的地方，努力记住它。让每一个自闭症人，无论大人还是孩子，口口相传：

你就是你，就是理想的自己。

你可能会犯错，但是你的存在并不是一个错误。

因为你的到来，世界变得更加美好。

必须知道的

简明扼要的潜在规则

- 坚持是指甚至在当众把事情搞砸的时候也要继续努力。
- 技巧的形成需要日积月累,绝非一日之功。
- 凡事先难后易。
- 失败尽管令人伤痛,却是成功之母。
- 当你被自己的错误绊倒的时候也正是你充满创造力的时刻。
- 成功就是当你失败时你会做什么。
- 最大的错误就是不敢去犯错。
- 当你想说谢谢的时候就大声说出来。
- "谢谢你"三个字是一种奖励,它鼓励特定的行为。
- 无法听出他人的言外之意,使得我们显得有些不识好人心。
- "注意、告知、谢谢"是最简单的让人知道你在意他们的方法。
- "谢谢你"有不同的等级,神经典型人希望你能根据情景选出适用的那一个。
- 有时,简单说一句"谢谢你!"就足够了,而其他时候,则需要更多。
- "注意、告知、谢谢"也适用于书面表达谢意。
- 书面表达谢意可以采用手写卡片,电子卡片,电子照片,电子邮件,这取决于你想说什么以及送给谁。

- 致谢礼物送给为你做了特别事情的人。
- 不要让你的致谢礼物让原初礼物显得黯然失色。
- 别让"对不起"成为最难说出口的三个字，它们是非常重要的三个字。
- 道歉并不会让一个人成为赢家，另一个成为输家。
- 好的道歉让人知道出了什么问题，受了哪种伤害，本应该怎么做。
- 一个错误并不会毁了友谊。
- 原谅和忘记并不是一回事。
- 做对事其实并不是最重要的，尽管看似很重要。
- 如何纠正别人的错误（低姿态的，私下的）和是否纠正他们的错误一样重要。
- 人们并不想被他的朋友纠正。
- 除非涉及人身安全，绝不要去纠正成人或权威人士的错误。
- 知道何时、如何、是否需要去纠正他人的错误并不容易，但却是可以学会的。
- 要变得优秀是件好事，要自我提升则更棒，要完美则是自大。
- 完美主义会让所有成功因为小小错误而失去意义。
- 我们的完美主义在他人眼中就是招人厌烦、自以为是的优越感。
- 他人是想跟你建立联系，而不是跟"完美"建立联系。
- 善意的玩笑、恶意的取笑和偶然的伤害三者之间的区别很微妙。
- 自闭症人总是太一本正经，但那跟过于敏感并不是一回事。
- 问问你自己：我信任这个在开我玩笑的人吗？他们真的想要伤害我吗？或许是我们之间的沟通出现了问题。
- 每个人都想自己的声音被他人听到，都想获得他人的关注。
- 慢慢地展示你所知道的，那样每个人都有机会发言了。
- 想要让自己令人感兴趣，首先你得学会对人感兴趣。
- 你得要调动身上的每一个部分来表现你在认真倾听（别人无法知

道你认真听了，除非你表现出来）。
- 反映性倾听技巧能帮助你认真关注他人并与他们建立牢固的联系。
- 对他人的赞美并不是对自己的贬低。
- 要能真心地赞美他人就得先学会接受他人的赞美。
- 具体明确的表扬是最强有力的。
- 大方地接受赞美，嘴角微微上扬，并礼貌地说一声"谢谢"。
- 领导者善于倾听、尊重他人。他们头脑灵活，就像湿滑的意面。
- 一个呆板的思考者认为自己才是唯一正确的人，就像生意面。当被要求做出改变时，就会折断。
- 永远不变的是改变。
- 如果我们只能应对我们所预想的世界，那么我们就会像生意面一样容易折断。
- "小组工作模式"将是一生的体验——即使毕业之后它还将继续陪伴我们。
- 怎么说和说什么一样重要。
- 差异不等于错误。通常解决问题的方法有很多种。
- 每个人都认为自己是世界上最重要、最有意思的人。
- 不要总说你想表达什么，或者你的感受是什么。问问你自己，其他人有什么感受，会怎么回应。
- 没人喜欢被批评，但离开了它，人们又难以有进步。
- 非黑即白的思维方式会让人难以接受他人的批评。
- 欺负带来的"旧伤口"会让批评听起来像攻击，即使别人并不想伤害我们。
- 我们必须有能力去"抓住枕头"，以便像普通人一样学习和成长。
- 批评可以将你打倒，也可以让你成长。
- 过滤来自可疑之人的批评；寻求你信任之人的批评。
- 你对批评的反应越激烈，批评就越可能是真的。

- 深吸一口气，"抓住枕头"，倾听与学习。
- 尽可能避免批评别人。
- 即使这种批评是出于善意、真实和必要的，你最好还是把它们包装起来。
- 保持积极和明确，并提出解决之道。
- 批评要对事不对人。
- 将所有的事情都包裹在真诚的赞扬之中。
- 神经典型人常常言不由衷，特别是当他们寻求"真诚"的想法时。
- 神经典型人认为说谎是不对的，但为了让人感觉好受一些或留下好印象时，说谎是可以的。
- 神经典型人常常说"善意的谎言"——这对我们自闭症人来说真是太难理解了，因为我们常根据表面的意思去判断。
- 只相信那些你信得过的人，否则你会被人利用。
- 知道何时、如何以及是否应该表达自己的想法便是技巧。
- 诚实不等于要将头脑中的每一句话都说出来。
- 在开口之前先问问自己：这是真的吗？是善意的吗？是有用的、必须的吗？
- 自闭症人常按字面意思理解他人的话——但神经典型人并不这样表达。他们说的和他们想说的常常不是一回事。
- 有困惑并不要紧，我们并不是天生就理解神经典型人所使用的语言。
- 为自己建立一个由值得信任的、富有耐心的神经典型人组成的"智囊团"。当你对社交情景觉得困惑时可以找他们商量。
- 自闭症人非黑即白的极端思维常使得我们把困难放大。
- 在1秒之内，我们的担心等级可以从1上升到100，但这对谁都没有好处，特别是我们自己。
- 别慌张，深呼吸，回顾一下自己"灾难发生链"的每一步，并问问自己"灾难有没有可能不发生"。

- 通过想象事情变好了，使自己充满正能量。
- 冲突发生都有一个过程。在崩溃之前你就应作出反应。
- 神经典型人并不知道我们崩溃是因为承受不住了。
- 我们必须在冷静时沟通和解决问题。如果只大喊大叫，没人会理我们的。
- 在崩溃之前，身体会发出信号。这时，我们要引起注意，并作出主动回应。
- 当预测感觉过载时，应采用应对技巧进行放松，重新引导自身能量。
- 明天是崭新的一天。
- Hygiene（卫生）这个词来源于古希腊健康女神 Hygeia 的名字。她是爱与美之神的闺蜜。
- 要健康，先保持干净。
- 神经典型世界的真理：人们以貌取人。
- 脏兮兮会让神经典型人觉得你乱糟糟且没有责任感。
- 干干净净让你更讨人喜欢，更具有吸引力。
- 个人卫生应该在私下讨论和进行。
- 心理失明让我们自闭症人难以区分自己的想法、感受、身体、财产与他人的想法、感受、身体、财产之间的区别。
- 对他人而言，他们的感受是真实的，就像你的感受对你而言也是真实的一样。
- 当我们越过看不见的边界时，神经典型人就感到受威胁、被挑衅、被冒犯。
- 为了进一步避免不适，他们将我们这些"外来人"推开。
- 了解神经典型人的边界会使他们感到舒适，从而好好对待我们。
- 神经典型世界中友谊有很多隐形的边界。
- 你不仅需要知道什么不是友谊，你还需要准确地知道友谊是什么。
- 谨慎且有目标地选择你生活中出现的人。

- 友谊并不完美，因为人们不完美。真心朋友也难免犯错。
- 挚友让你觉得成为自己是一件快乐的事情。
- 神经典型人将友谊分为不同的等级。知道这些等级可以帮助我们知道谁可以信任，在多大程度上可以信任。
- 没有朋友好过被所谓的朋友伤害。
- 在友谊和对话之间保持平衡，太过热情会让神经典型人觉得不舒服。
- 当友谊变得越来越重要时，它需要的关注也越来越多。
- 诚实地面对自己的缺点和优点会让你拥有超能力。
- 愤怒是一种创可贴式的感情策略。这一感情是真实的，但所需愈合的伤口则在愤怒的背后。
- 我们教别人如何对待我们。要让别人尊重我们，我们必须先尊重自己。
- 自我倡导指的是冷静而清晰地表达自己的权利。
- 根据有多少人喜欢你来判断自己的价值只会让你走向失败。
- 首先，你必须尊重自己。
- 有尊严意味着你不会跟羞辱你的人或事合作。
- 如果你认为自己是有价值和有力量的，那么你就会成为这样的人；如果你认为自己是无用的，不值得被爱的，那么你也会成为那样的人。
- 神经典型人认为自信和自尊是最具吸引力的品质。
- 在你发短信或邮件之前，问问你自己：这上面说的是真实的吗？是善意的、好心的吗？是有用的、必须的吗？
- 电脑另一边的人是真实的，有着真实的情感、思想和反应，但是，他们在网络上所表明的情感、思想和反应却不一定是真实的。
- 你所写的文字、发出的短信、寄出的信件常常都是可以复制粘贴的，可以引用、分享和追踪的。
- 不是所有"朋友"都是一样的。虚拟空间的友谊也分为不同的等级。
- 避免在开始或结束一段关系、医学诊断或其他重要生活事件时使用短信来进行重要对话。

必须知道的：简明扼要的潜在规则

- 在短信、电子邮件、邮件的联系人数目上保持平衡，网络中也是如此。
- 对于那个命中注定的女神或男神，那个怪怪的自己就是世界上最具吸引力的人。
- 没有哪个男人或女人值得你为之流泪，对的人不会让你如此心碎。
- 自信、礼貌和自尊是最吸引人的事。
- "美丽"和"火辣"不是一回事。
- 做一个淑女意味着自尊和自信。
- 做一个绅士意味着具有常识和教养。
- 自闭症人喜欢关注细节，而神经典型人则喜欢关注整体。
- 神经典型世界希望我们能明白"整体观念"或"完形"。
- 积极倾听技巧（镜子！镜子！）和信号词汇帮助你听到别人的关键想法。
- "掌式阅读"（Palm Reading）能帮助你了解所有书面文字的主要意义。
- 你必须准确收集信息，只有这样你才能支撑你的观点和想法。
- 自闭症人常常是被欺凌的主要受害者，因为我们与众不同且常没有防御性。
- 打小报告旨在让人陷入麻烦，而告知则是伸出援手。
- 你只能主宰自己做什么，除非在他人会受伤或被欺凌时，否则，别总是充当"国际警察"。
- 欺凌的目的在于夺走你的力量。告知则是帮你把它夺回来。
- 女孩之间的欺凌很复杂。自闭症女孩和他们的家人应该读一读《蜂后和跟屁虫》（Queen Bees and Wannabes）这本书，能帮助他们理解神经典型小团体中女孩们所扮演的角色。
- 嘲笑你的错误和嘲笑你不是一回事儿。
- 在神经典型人的世界中，嘲笑自己犯下的错误是最高级的幽默。
- 行为可以是可笑的，但人不是。玩笑指向的是你所做的事而非你这个人。

- 不要因为自己犯了错误就看不起自己。其实并没有那么糟糕，看轻自己不会让事情变好，只会让你失去自尊。
- 神经典型人将自我解嘲的人认为是安全的、自信的、强壮的和可爱的。
- 那些不怕自我解嘲的人在自我解嘲时和每个人建立了联系。
- 如果你已经在自嘲了，那么别人就无法嘲笑你了。

关于所需知道的，你必须知道点什么？

让规则变得有意义

·1·
无法发明灯泡的方法

为何凡事先难后易

必须知道的

- 坚持指在甚至当众把事情搞砸的时候也要继续努力。
- 技巧的形成需要日积月累,绝非一日之功。
- 凡事先难后易。
- 失败尽管令人伤痛,却是成功之母。
- 当你被自己的错误绊倒的时候正是你充满创造力的时刻。
- 成功就是当你失败时你会做什么。
- 最大的错误就是不敢去犯错。

自闭症孩子的逻辑

你观察过小宝宝蹒跚学步的过程吗?那真是个笨拙的过程。不论他长得多么结实与健康,不论他多么聪明与机灵,每一个小宝宝在这个过程中都会经历失败。太多太多次,他们不是磨破了膝盖皮,就是摔肿了嘴唇。一夜之间,家里的所有东西都全副武装起来,目的只有一个——以免孩子发生意外。此时尿布似乎也有了双重作用,还充当起了缓冲垫。一夜之间,婴儿防护门到处都是。桌角也装上了防撞海绵。如果翻阅一下相关的养育手册,你可能还会发现头盔、甚至迷你护腕、护膝也赫然在目。甚至还有一类持证的专业人员,叫做"婴儿护卫"(大伙,我这可不是开玩笑,真有其事呢),他们一天薪酬达到几千,因为他们承诺可以确保学步儿童的安全。

好了,现在你该明白了。学习走路是人生中至关重要的一刻,是一件极其重要的事情,但也是一个丑态百出的过程。

那么问题来了：你是否还记得学习走路的过程？当然不记得了。但不可否认你曾经历过，并且这对当时还是宝宝的你来说是个大事件（这是一项严肃的运动，同时也非常令人沮丧）。你想去看看某个闪闪发亮的东西，或者拿桌上那片薄饼。你不想总等着别人拿给你毛绒玩具或递给你奶瓶。你想拿到它，并且你现在就要。你想参与有趣的事情，或许是想跟在小狗或者哥哥后面跑。总有那么一些时候，你或是嚎啕大哭，伤心欲绝；或是静静坐着，安心思考，想着怎么逃出困住你的小床。无论你做了什么，事实是，在很长一段时间内，不管你多么想要走路，你就是办不到。

学步这件事对你身边的人来说也是一件大事，这些关心你的人，在你跌倒时扶你起来，当你再次尝试时，为你加油呐喊。他们甚至还为你制作了家庭录像。他们将你跌倒爬起来、贴着家具走步、小心翼翼保持平衡以及摔得狗啃泥等时刻都拍下来保存起来。一次又一次的失败之后，终于，你变得足够强壮，也有了足够的经验，你排除了错误的做法，稳稳地迈出了第一步，甚至又迈出了一步。几天之后，摇摇摆摆的步伐变成了蹒跚步，随后你走得飞快（尽管不那么协调），这甚至让你的父母感到不可思议。

如果仅仅看到这最后一段，一些人还以为你竟在一夜之间从贴地爬行的小毛头变成了疯狂的马拉松能手。但事实并非如此，别忘了那些摔得满嘴是泥的日子，也别忘了那些被安全门包围的日子，更别忘了那摔得屁股开花的日子。这胜利绝非一日之功。这是一场来之不易的胜利，一场由小孩子赢来的胜利，这胜利绝不会因其年幼而逊色。

所以只需简单回忆第一次胜利，你就能记住以下规则：**凡事先难后易**。这适用于学步、说话、骑自行车、开车、做乘法题、记住不规则动词、学习量子力学、约会、工作面试以及其他任何事情。生命，一般来说，都需要坚持。这并不意味着单纯的长时间付出。**坚持指甚至在当众把事情搞砸的时候也要继续努力**。这意味着摔得满嘴是泥以及遍体鳞伤。这意味着有人（甚至所有人）看到你一败涂地，你会羞愧得无地自容。参加派对时，不小心把短裙塞进内裤里（好吧，这事似乎在我身上发生过），你应该努力克服而不是逃跑。你应该留在派对中，再次尝试。

Gregory House 博士——我一直都喜欢的一个电视人物（一个彻头彻尾的自闭症人）——曾说："如果你总是避免做蠢事，那么你身上也不太可能发生什么好事。"

电视天才秀将一群平凡无奇的普通人变成了万人瞩目的超级明星。当然，电视节目并没有将他们背后的故事告诉我们——长时间的音理学习、音阶练习或者被观众哄下台。电视没有放这些是因为他们又长又无聊，没有什么观赏价值，但这些灰暗的日子真实地存在着。**因为凡事先难后易。技巧的形成需要日积月累，胜利绝非一日之功。**

耐心真的很难——据我所知——我们自闭症人很少有耐心，特别是当我们对自己提出要求时。你是否在尝试解新的方程时，因为一时找不到合适的方法而气急败坏？或者是因为不能立马学到新的技巧，抑或是因为学跳绳的时候，成了班级中最后一个没学会的（我举手，我就因此失去耐心）而怒火攻心？通常，这些就是自闭症孩子想要放弃、尖叫或者对身边人发火的时刻。

那么，到底为什么我们竟需要立马知道如何老练地处理事情呢？为何我们竟会认为我们不需花费时间与精力就能知道怎么做呢（甚至知道怎么完美地做）？答案是，当第一次尝试的时候，我们并不知道该怎么办。我们也不应对自己有这样不切实际的期望。出于某些未知的原因，每一件事都是先难后易。如果你能在尴尬、失望、受挫等感情面前继续坚持，那么你就会学到一些新的东西。这些东西是你无法通过其他途径获得的。它们是品质、创造力以及适应性。温斯顿·丘吉尔——这个伟大而又顽固的巨人曾说："成功非终点，失败非末日，重要的是继续前进的勇气。"（Vilord，2002，p.36）。

作为一个小宝宝，你的腿脚随着你一次次跌倒后的爬起而变得强壮有力。你的手臂也随着你一次次的倒地支撑而变得灵活。你的反应随着跌倒次数的增多也越发灵敏。这一规则就是要告诉我们应该多优待自己一些，大方原谅自己所犯下的错误。这一规则就是要告诉我们摈弃误以为他人认为我们可以一开始就能把事情做好的想法。他们（的确）不这样想，我们（确实）不需那样做。

有时候，我们脑海中会冒出这么一个疯狂的想法：聪明的人、厉害的人或者身边值得拥有的人是不会失败的，但他们事实上也会失败。快乐的人，幸福的人，只是不让这样的失败成为他们最后的墓志铭。**最大的错误是不敢犯错。**

"不行"、"你错了"或者彻头彻尾的公开羞辱，当时会令人感觉糟透了（我也认为他们令人感觉十分糟糕），但也给了你一个去想象、去做、去体验未知的机会。给自己一点时间，去看看最后会发生什么。**你被自己的错误绊倒的时候也正是你充满创造力的时刻。这是发掘你内在天赋的最佳时刻。**

现实是，每一个人，都会出错，甚至错得离谱。但这决定谁是生活的成功者和失败者的关键。事实上，早期的成功让很多人有了一种虚假的自信心，他们误以为凡事对他们来说都轻而易举。我的跳舞经历就是一个绝好的例子。

我两岁就开始跳舞。刚一开始，我真的很擅长舞蹈。那时，跳舞对我来说是一件奇妙的事，我不需怎么努力，就能完成教师的所有要求，有时甚至能超额完成任务。很快，我就自以为是地认为跳舞对我来说是易如反掌的。大约13岁时，我得到了一次去百老汇试镜的机会。其他参加试镜的人都比我大，他们穿上紧身衣的感觉十分不同，他们走起路来就仿佛是这房间的主人。那一刻，我就已经被击垮了。

当编舞者将我们分成小组，教我们舞蹈动作，并要求我们立刻记住，独立表演出来时，你不必感到惊讶，我真是全乱了阵脚。我甚至不记得自己是否完成了跳跃和转身的动作。我只记得自己哭着跑出了房间。我哭泣并不是因为不合群，也不是因为在众人面前看起来很可笑（也有部分原因是——但其实其他人其实也跟我表现得差不多）。我羞愧、生气以及恼火的原因是我不能立马就做得完美，就像以前那样，就像其他人那样。

以下是我当时并没有意识到的。是的，我有能力和其他大孩子一样去跳舞。要不然，老师也不会邀请我去参加试镜。他们的优势是时间和经验。他们参加过更多的彩排、试镜和录用。他们曾努力尝试，但惨遭失败，却又立下坚定的决心，迎难而上，再次露面与尝试。失败让他们成为更好的舞者，不是在技术上，而是在自信、成熟和优雅的品质上。

因此，我改变了自己的游戏规则。当我再一次得到试镜机会时，我进行了疯狂的准备——占得了先机。这个角色对我往后的生活产生了极大的积极影响。如果没有我事先充分的准备，我决不可能获得这个角色。

但是，能否达成梦想并不取决于你如何起步。**成功就是当你失败时你会做什么**。那些重振旗鼓、不断尝试的人最终走向成功。美国历史上最著名的棒球运动员之一——Babe Ruth 在其开始职业生涯到1935年退役期间创造了本垒打数量的最高纪录，这一纪录一直保持到1961年。但是不要忘了，他的三击出局的次数也是最多的。如果 Ruth 任由失败的经历干扰他的心智，那么，他永远不可能再次返回赛场，也不可能成为那个时代的传奇。

还需要更多的例子来证明犯错并不等于失败吗？好吧，以下是"疑似自闭症人"的著名例子，他们虽然在一开始并不顺利，但最终都获得了成功。

- **福特（Henry Ford）**——他最终发明了美国制造的汽车（他还发明了一些其他的），但这位福特汽车公司的创立者在成功之前曾5次破产。
- **爱迪生（Thomas Edison）**——老师曾说他是一个笨孩子，什么也学不会。在他发明灯泡之前，他失败了1000次。但是爱迪生说，那并不是失败。当时记者采访他时，他坚称："我们只是知道了1000种无法发明灯泡的方法"（Vilord，2002）。他可能也并不那么傻。

- **狄更生（Emily Dickinson）**——美国历史上最著名的诗人之一，但在生前，她只出版了几首诗作。尽管如此，她并没有停止创作。她坚持创作直到生命的尽头。正是由于她无尽的工作，现在我们才有了1800多首完整的诗作。
- **比尔·盖茨（Bill Gates）**——你知道吗？他曾从哈佛大学退学，并且在第一次创立电脑公司时惨败。Traf-O-Data并不是一个家喻户晓的名字。但他在微软这件事上，表现得尤为出色。
- **爱因斯坦（Albert Einstein）**——他4岁才开口说话，7岁才学会阅读（他有阅读障碍），还被学校开除过。他最终因对现代物理和宇宙结构的突出贡献而荣获诺贝尔奖，我想，这就是对他最好的补偿吧！

这就是学习曲线的价值。**如果一切来得太过容易，我们就会把成功、胜利、技能和天赋看成理所当然**，更不用提对那些付出努力和汗水的人致以敬意了。

没有人能随随便便成功。没人如此。让一些人变得特别的原因是他们努力尝试和永不放弃的勇气。

所以，当下次在班级同学面前结结巴巴讲外语时，深呼吸，别紧张。你的歌声在合唱时显得很突兀刺耳？这没啥大不了的。你在学空手道，但练习双跳前踢时总摔得四脚朝天？这都不算事儿。难道你家的楼梯口还为你装着安全门？当然没有啦，我们最终都学会了自己走路。我们最终都会说出那个词，踢中那块垫子，迈出那一步。你将因过程中的挫折而成为一个更强大的人。

· 2 ·

如厕训练规则

知道何时该说谢谢

必须知道的

- 当你想说谢谢的时候就大声说出来。
- "谢谢你"三个字是一种奖励,它鼓励特定的行为。
- 无法听出他人的言外之意,使得我们显得有些不识好人心。
- "注意、告知、谢谢"是最简单的让人知道你在意他们的方法。

自闭症孩子的逻辑

当你还是个小屁孩的时候,你就知道讲文明懂礼貌的人会经常说"谢谢"和"请"。确实如此,"谢谢"和"请"是文明礼貌的标志。但慢慢长大之后,你会发现"谢谢"不仅仅是文明礼貌的标志。**在正确的时间以正确的方式说"谢谢你"是一项超级无敌重要的规则。**

哎哟~我看到你翻白眼了呢!让我们直接跳到下一个规则吧。请允许我先唠叨一下。包括自闭症人在内的每一个人都应得到尊重和受到重视,一句"谢谢你"就能起到这样的效果。

将"谢谢你"视为一种奖励,社会学家其实就是这么描述它的。真的。基本来讲,大意如下:(1)表现出你对他人的感激与尊敬;(2)让他人有积极的情感体验;(3)强化特定的行为(继续与我友好相处)。换言之。"谢谢你"这三个字能让他人在今后的日子里继续与你友好相处。

既然自闭症人和普通人一样懂文明讲礼貌,那也就意味着我们也经常说"谢谢你"。我们缺少的是说谢谢你之前的那一步。通常,我们不知道为何要说谢谢你。

专家指出最常被人遗忘的社交技能恰恰是简单地说声"谢谢"。对自闭症孩子（成人）而言，关注他人的言语和行为真是太难了。寻找以及弄清言语和行为背后的想法和意图更是难上加难。

假设，你正在玩一个新的电子游戏，并且此时你正刷新最高记录。这一刻，吃饭的呼唤在你听来并不是分享食物的友好邀约，反倒更像是一种粗鲁的干涉。这一刻，你根本无法放下手中的游戏。这意味着，你很可能无法心怀感激地意识到：摆在你面前热腾腾的饭菜并不是"食物复制器"做出来的。这是一些爱你的人花钱买食材，花时间计划以及烹调出来的。这些太难记住了，因为此时你正全身心投入电子游戏中。

再比如，如果你玩乐高积木正起劲，你可能根本不会记得爸爸为了带你去学校特意调了班。当到了上学时间，你会因为要放下手中的积木而跟爸爸大发脾气。

尽管没人会因你此刻的感受责怪你，但他们这样做可能确实有些目光短浅。我们自闭症人有一种仅仅根据自己的感受就作出反应的习惯，我们常常会忽略他人的感受。当我们抱怨某事给我们带来不便时，别人可能已经为我们做了不少事情了。对他人友好的"奖励"应该是一句发自内心的"谢谢你"，而不是"只有我自己"式喋喋不休的指责。

事实上，自闭症人比起神经典型人来显得有一些以自我为参照，也就是说我们很难设身处地地从他人的角度去感受与思考。我们困在自己的想法、兴趣和生活中无法自拔。事实上，如果你稍加留心就会发现我们更喜欢使用"我"这个字。对别人而言，这显得有些自大或者以自我为中心，但事实并非如此。自我中心和自大指的是你认为你比其他人更重要，而不是简单的你或我的区别。通常，我们的问题在于我们需要别人的提醒（或者要学会自我提醒）才能走出我们自己的想法。

别内疚。我真的懂你的感受。我们并不是忘恩负义的人。我们只是过度沉迷在自己的世界中。如果我手中拿着一本书，那么我可能就不想做任何其他事情了。我在我的小小世界里很是满足，但是这个小小世界并不是那个能照顾我、养育我、庇护我的世界。如果我们想被人接纳，那么我们就必须学会在正确的时候用正确的方式真心地说一声"谢谢你!"。这是一个"约定俗成的社会习俗"。为什么呢?

一句正确表达的"谢谢你"能够表达我们:
- 了解他们是选择对我们好。
- 已意识到他们的资源(金钱、时间等)可以花费在其他地方。
- 很感激他们将我们视为重要的人。

当我们没说"谢谢"时(尽管是因为我们忘记了),神经典型人会认为:
- 我们不在乎他们为我们所做的,或者他们给予我们的。
- 我们是自我中心的。
- 我们不在乎他们送的礼物,或者送礼物的人。

结果会如何呢?朋友会认为我们并不值得他们花费心思。他们会将我们踢出朋友圈,并且避免与我们在一起。家人和老师会感到自己不重要,不再愿意帮助我们。直接一点就是:我们成了孤家寡人了。

注意,告知,谢谢

首先,**注意**别人在你身上花费的时间或者金钱。他们并不需要这样做。这是他们做出的选择,因为他们重视我们。

其次,**告诉**他们当你感受到他们对你的喜爱时的特别感受。那种感受是真正的恩赐。你不知道该说什么?可以试试用以下这些起个头:

我感到(内心的感受),因为/当/由于(他们的行为)。

例如：**当你邀请我时，我很开心。**

比"开心"好的词	比"好"好的词	比"友好"好的词
幸运的	舒服的	接纳的
重要的	受鼓励的	自信的
欣喜的	活泼的	骄傲的
感激的	安心的	兴奋的

自闭症男，注意了！ 学会如何辨别自己的情感对你来说同样重要，特别是当你开始约会或者与女孩打交道时（我们以后还会聊到这个，并且我们更喜欢男性承认他们也有感情）。但是跟男性在一起时，你不必那么多愁善感。这是另一个不成文的规则，不遵守它的话，你可能会让别人感到不舒服。所以，当男性对男性时，你可以将告知的部分转变为以下的样子：

"太酷了，你……（他们做的事）！"

例如：**太酷了，你邀请我参加派对！**

最后，用言语和行动感谢他们。记住，除非你说出来，否则没人知道你内心充满了感激与愉快之情，还是装了些其他东西。只有你讲出来，别人才会懂：

"谢谢（礼物或者行为）。"

结束语：**谢谢你接纳我。**

如厕训练规则

比如某个人录下了你最爱看的表演，帮你做了繁杂的家务，帮你留了午餐的座位，又比如某人给你提了很好的建议，或者在你亟须这些建议时告诉了你。那个人费了周折让你留在他生命中，或者让你感到开心。可能你妈妈花钱在你喜欢的活动上，而不是她自己喜欢的。这些小事其实很重要。

这些友善的举动其实就是在偷偷告诉你"我喜欢你"，千万不要错过。我的家人根据一个孩子的如厕训练短片，想出了一个说"谢谢你"的指导。在那个短片中，一只玩具熊建议另一只玩具熊："不论何时你有了上厕所的感觉了，你很可能就该去了。"你知道我发现了什么？如厕训练规则适用于很多事情，"谢谢你"就是其中之一。

不论何时你想要说"谢谢你"，你很可能就应该说。

让人难以接受的事实是：无法识别他人言语和行为背后的意图使我们显得很不知感恩，但这并不是真的。所以，花一些时间看看周围，试着注意谁或者什么事让你的一天变得美好一些，轻松一些。如果你认为你应该说谢谢，很可能你就应该说出来。这永远不会错。试着每天留下感恩的小火种，那么某一天你会惊讶地发现他们已经在你身边点燃了友谊的小火苗（Carnegie，1936）。

即使在你打开崭新的"谢谢你雷达"时，你仍可能错过某些应该感恩的时刻。不要担心，这没什么大不了的。那时另一个重要的词就该冒出来了，"对不起"。同样的，如厕训练规则也适用于此。你会一切都好，毕竟，这一切都值得说句谢谢。

·3·

因此,你留意到了他人的好心

说谢谢你的技巧

3 因此，你留意到了他人的好心

必须知道的

- "谢谢你"有不同的等级，神经典型人希望你能根据情景选出适用的那一个。
- 有时，简单说一句"谢谢你！"就足够了，而其他时候，则需要更多。
- "注意、告知、谢谢"也适用于书面表达谢意。
- 书面表达谢意可以采用手写卡片、电子卡片、电子照片、电子邮件，这取决于你想说什么以及送给谁。
- 致谢礼物送给为你做了特别事情的人。
- 不要让你的答谢礼物让原初礼物显得黯然失色。

自闭症孩子的逻辑

不论是其他孩子，你弟弟，你爸爸还是学校门卫，如果他们的举止得体，日行一善，那么他们就该得到认可。这就叫做"互惠原则"，这里所需要付出的"馈赠"不是你的腰包，而是你的真心。你不必因他人送你生日礼物就还赠他礼物。你也不必因为妈妈给你洗衣服就给妈妈洗衣服。"互惠"是对原初行为的反射——用一种积极行为去回应另一种积极行为，用一种友好行为去奖励另一种友好行为。这就好似数学中的倒分数是另一个互倒分数的反向印象一样。社交关系中的互惠原则就像是道教里面阴与阳的关系。

还记得"注意、告知、谢谢"三部曲吗？假设你已经注意到了别人的好心。这真是个好的开端，你已经成功了一半。但表达感激真是件费时费力的事儿。所以说，这一点是事情的关键。用你的时间、言语或服务去承认另一个人对你的好,用行动告诉他:他的时间和你的时间一样珍贵。

妈妈替你洗好了衣服,然后她叫你把这些衣物折好放齐。当然,你会因为需要花费你的自由时间去做这个无关紧要的活儿而感到失落。但是,她可能牺牲了参加派对的愉快时光才帮你将湿衣服从洗衣机里拿出,再放到烘干机烘干。我敢打赌,她肯定可以利用这些时间做些更有意思的事儿。但出于爱,她把时间用到了你身上。在生日派对之后,你可能会为写一堆感谢信感到害怕。确实,这不是一件令人兴奋的事情。但话又说回来,其实你朋友本可以用给你买礼物的钱去买个自己喜欢的游戏盒或者模型什么的。

三部曲练习

是时候练习"注意、告知、谢谢"三部曲了。(是的,你可以改变这三部曲的顺序,比如:注意、谢谢、告知。)例如,你可以这样说:

"爸爸,你帮我录了《怪兽大战》呀(**注意**)!你为我做这些,我真是太开心了(**告知**)。非常感谢(**谢谢**)!"

或者

"Hi,Jenna!太酷了,你在音乐课前等我这么久(**注意**)。可以跟朋友一起去上课,真是太开心了!(**谢谢**与**告知**)"

升级版的谢谢你

很棒!你已经完成了三部曲练习。太好了,因为口头表达的"谢谢你"几乎在所有地方都用得上。然而,当一些人送给你特别贵重的礼物或者做了对你具有深远的积极影响的事情时,你就该将感激升级一下——写一封感谢信。

除了少许例外,社交规则仍希望我们用手写而不是机打的文字来表达感谢。这会花费更多的时间,但这也是关键所在。花心思和真情将感谢之情写在纸上,你表达了这个礼物或事情对你的重要性。

什么时候需要手写谢谢你？

在下列情况下，你需要手写感谢信来表达感激之情：

- 当你收到了一份礼物，而送礼的人不在现场；感谢信不仅告诉他你已经收到了她送的礼物，而且也表达了你对他的感谢之情。
- 在生日、毕业或者宗教庆典等庆祝活动时收到了礼物。（例外：如果你和送礼物的人住在一起，那你就不必写感谢信了，但你确实需要说一些特别的，道一声真挚的"谢谢你"。）
- 你是派对中的重要嘉宾。
- 在他人家中留宿几晚（因为你爸爸外出旅行了）或者外出特地拜访某人（爷爷、表弟或者外地的朋友）时。他们的热情招待——美食、空间、娱乐——就是赠予你的最大的礼物。
- 因他人的能力（朋友帮你重新装饰房间）或者时间（当你出城时，邻居帮你喂猫）而获益。
- 参加求职或者招生面试后。领导或者行政人员从其他工作中为你抽出宝贵的时间与你会面，考虑你的申请。

但我该说什么？

一封真心实意的感谢信也不过是将"注意、告知、谢谢"三部曲以书面的形式呈现出来而已。请一定答应我，你那个自闭症大脑会想出比"好，友好，不错"更好的词汇来形容收到的礼物和你内心的感受。你一定能做得很棒！

1. **注意**：为什么要写信呢——你在写信表达谢意。请明确指出你所收到的礼物和得到的帮助，并表达谢意。请注意！如果收到的是钱（现金，礼品卡，支票等等），使用"慷慨的礼物"来代替具体的金钱数目，提到具体的钱数既没有必要也很不礼貌。
2. **告知**：你会怎么使用它以及得到他人关心、倾听、接纳时内心愉快的感受。不论是什么，都要积极点。如果你确实喜欢这个礼物，比如你可以说"那本书成了我的新宠，我爱不释手呀！"

另一方面，即使你不喜欢这份礼物，你也总能想出一些让人听着舒服的话来。比如，姑婆送了你一条你永远也不会穿出去的粉红色条纹裤?！没问题。试着这么说："那颜色真是让小伙伴看呆了——好鲜艳好粉嫩"。这是实话，毕竟，礼物背后的情感是真正重要的。

对了，如果你收到了钱之类的礼物，告诉他们你打算怎么花。比如："我打算用你慷慨的馈赠买新笔记本电脑"。

3. **谢谢**：在落款之前再次感谢那个人。那么就大功告成了！

还有什么没讲到的吗？对了，感谢信是关于礼物的，而不是关于你的。留一些花絮，以便下次再聊！

时间问题

感谢信写得越早越好。不过，写得迟也好过不写。为迟迟未写道个歉，现在就提笔吧！

电子邮件还是传统信件？

私人情感的交流最好还是手写，并尽可能做到笔迹工整、字迹整洁。但你完全不必担心你的书法是否完美，重要的是你所花费的心思。然而，如果手写这封信会令你缴械投降或者搞砸整个事情，那么你也可以试试21世纪的新方法：

1. **电子卡片**：非常有趣，方便快捷
2. **APP 或者程序**：很多电脑都有明信片或者信件功能。这个方式也很有意思，因为你可以在信件中插入礼物的照片，你的照片，或者送礼人的照片；类似的，智能手机，平板 APP 也能让表达谢意更具创造力，更方便快捷——一点、一拉，你就一下把你的明信片或者问候卡片发送过去了。

正式的感谢信（工作或者就学面试等）。如果对方的名片上印有电子邮件地址，或者他们曾写过邮件给你，那么，给他们发送一封经过仔细校对和审阅的邮件吧！请一定确认你检查拼写了，还要记得把你名字后面的备注去掉。如果你决定不了到底该怎么做，那么手写一封信准没错。

我还需要帮助！

正经点，我没开玩笑！执笔写信是最难的部分。看看本书最后的资源列表，那里有我最喜欢的"文明"指导，你可以毫不费力就可以从中找到你想要的词。

再向前迈一步：答谢的礼物

有些情况下，一封感谢信也不足以表达感谢之情，这时你就应该准备一份实在的答谢礼物。教师，教练，集训队长，或让你在巨大压力下有喘息机会的某个人。任何一个在你身上投入了大把时间的人都想要知道他们已经让你发生了转变。在这样的情况下，那你就可以再向前迈一步，送出一份你的答谢礼物。

私下里，我在衣柜中藏了一个"宝藏盒"。这个盒子里放了很多的毛绒玩具、诗集、照片，以及我的学生留给我的记忆。这些小零碎是我最珍贵的东西，因为它们提醒我：我对于孩子来说很重要！

多少才算太多？

以上这些对你而言似乎合乎逻辑、合情合理，但我不得不提醒你，这儿有个隐蔽的社交陷阱——过度。对我们自闭症人来说，这真是个大麻烦。当适度是最好的答案时，我们不是做得太多，就是做得太少。

试想一下，一份顶级的答谢礼或者感谢信会让一位只是做了举手之劳的助人者多么尴尬！他们会认为你是故意给他们难堪，或者他们会将你视为绝望的、依赖性很重的人，避免和你在一起，有的甚至还会取笑你。

这样一来，完全事与愿违。在 Seinfeld 这个老电视秀中，一个名叫 Elaine 的角色给他的朋友买了一杯咖啡。然后那位朋友给她买了一只咖啡机作为答谢礼。他这个昂贵的、实在的答谢礼令人大跌眼镜，别人甚至拿这个事演了一个 30 分钟长的情景喜剧。为什么呢？

答谢礼物应比原来的礼物更朴实、更便宜，其他事情也是一样（否则就变成了奇怪的、永无止境的比赛了）。让他人的礼物闪闪发光吧！

感觉对味和粉色裤子

作为自闭症人，我们总会在"社交自在"语的对话中犯错。这是天生的。我们生来就对这些规则不感冒，我们还时不时地打破这些规则。但由于我们自身的特性，我们很少在技术问题上遇到困难。别硬把这些规则记在脑中，当你有需要的时候，你就回来再看一看、读一读。毕竟，自闭症孩子很擅长遵守好的、符合逻辑的规则。当你了解这些规则的内在逻辑时，所有的"谢谢你"规则就变得有意义。很重要的一点是：当别人对我们友好时，我们应该停下手中沉迷的事情，对他们表示感谢（特别是你希望他们继续对我们好的时候！）。是的，甚至是姑婆……双手合十，祈祷她下次别再送粉红色条纹裤子了！

摘录的话

这可能与你的计划不同，但这也可能比你的计划更好！

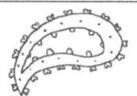

你是世界上曾有，现有，将有的唯一的你。尽你所能，做你自己。

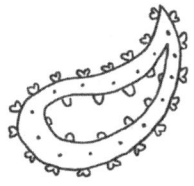

自己爬起来，拍拍身上的尘土。再试一次！

选择 快乐

·4·
对 不 起
最难说出口的话

简单说句"对不起"就足够了。

必须知道的

- 别让"对不起"成为最难说出口的三个字,它们是很重要的三个字。
- 道歉并不会让一个人成为赢家,另一个成为输家。
- 好的道歉让人知道出了什么问题,受了哪种伤害,本应该怎么做。
- 一个错误并不会毁了友谊。
- 原谅和忘记并不是一回事。

自闭症孩子的逻辑

你可能已经听说我们自闭症人的世界是非黑即白的。不是老式黑白电视机那种黑白,而是上对下,里对外,全对无的那种黑白。然而,人却复杂得多,他们既非白,也非黑。这就是为什么当一个人伤害另一个人感情的时候——故意也好,无意也罢——需要进行一些修复工作。我是说,如果他俩还想继续做朋友的话。

在非此即彼、非对即错的世界里,一边是胜利者,另一边则是失败者。难怪自闭症人道歉那么困难。谁想当失败者啊!但这个思路对吗?大错特错!道歉并不意味着你就成了失败者,它仅仅意味着人际关系比自尊心更重要。

为什么说"对不起"如此重要?

良好的人际关系就像天平,两边一样重才平衡。当某人伤害另一个人时,她就"偷"走了另一人的快乐,天平也就随着倾斜。这时,她要做出弥补才行。这个弥补就是道歉。既然没人喜欢道歉,那么我就不得不说一说这个规则之后的秘密:"对不起"并不是弱者或者失败者的标志。事实正好相反。

道歉很难是因为它不在意料之中。说"对不起"让我们感觉很不自然,甚至令人有些紧张或者难受。这也是为什么正确道歉会如此有力。承认自己确实伤害了他人的感情,让人感到不适。"抓住枕头"和认真面对那个不完美的自己也同样让人不舒服。我们自闭症人不比其他人差,但也没比他们更好。

现在,讲一个"我的自闭症生活"的故事

那天,大约是下午三点钟,妈妈开车来接我。因为去理发沙龙做头发耽误了一些时间,她来得有点晚。我和我朋友等了好一会儿她才到。显然,当天理发的过程进行得不那么顺利。我本应该立马注意到以下两点:开车的时候,她的脸有些涨红,声音听起来怪怪的,有些搞笑。但是,我什么也没注意到。我完全沉浸在和朋友比肩而坐的欢乐时光中了。我不知道在理发沙龙里发生了什么,只是听到妈妈嘟哝着她和发型师、理发师发生了一些口角的琐事。是的,那个发型难看极了。

想也没想,我就脱口而出地打趣说:"我知道你为什么这么疯狂了",然后咯咯笑着看了我朋友一眼。我本想调节一下气氛,给那个坐在我身边的女孩留下一个好印象(真是愚蠢的行为)。你知道吗,我现在压根儿就记不得那个女孩了。但是我却仍然记得我妈妈的反应。她开始哭泣。我从没想到她原来也和我一样,会因为孩子的嘲笑而感到尴尬。

有时候我们已经知道自己做错了,却不知道具体错在哪里。另一些时候,比如,上面提到的那次,我们是彻头彻尾地搞砸了。或许,这样的情况下,道歉最容易了——因为这样的情形下谁对谁错一目了然。但是,我不想成为失败者。我当时真是非常、非常羞愧,恨不得有条地缝钻下去,但骄傲让我错失了改正的机会。常常被人取笑的我竟然取笑了最爱的妈妈。因此,我骗自己说,她就是反应过度了而已。我并不想伤害她,但整

个过程中，伤害她的一直是我。

我这里想强调一点：感到抱歉并且说出对不起真的非常非常重要。**对亲密的人，我们必须具有安全感。我们必须知道他们在乎我们的感受，愿意承认他们所犯的错误。但让他们感到我们对他们而言也是安全的，这一点同样重要。**如果我们不愿或不能为我们所犯下的错误承担责任，别人就很难信任我们……我们也很难交到朋友。

好的道歉让人知道你将做对事看得比做圣人重要。

什么是好的道歉？

好的道歉只有在正确的地方、用正确的言辞才能发挥良好的作用。

正确的地方

独处之处。不论你做错了什么，这都只是你和另一个人之间的事情，所以让事情停留在你俩之间。请私下或单独聊（绝对不能用短信或网上留言来解决问题）。

正确的方式

想要道歉真正起作用，你必须搞清你做了什么，为什么要说对不起。换言之，你必须在某种程度上弄清对方的观点（尽管你不必赞同这个观点）。

哦～等等！那个用来指代了解他人感受的词是什么来着？同理心，是么？对的！当心，自闭症陷阱！由于难以解读肢体语言或者语调，我们自闭症人常常无法意识到自己已经做了一些伤人的事儿。这一点让道歉和请求原谅变得十分困难。

如果你认为有人对你不满，但又不知道为什么，问一问。你可能害怕面对答案，你可能甚至不赞同那个答案。但是不知道（假装不知道），问题并不会自行消失——只能越来越糟。太骄傲或者太害怕，所以不敢去道歉？别怕，走上前去，请求那人坐下来聊聊。

如果你已经发现自己做错了，试着做些什么吧。毕竟，开车错过正确的出口时，你还会继续往前开吗？不，你应该停下来，掉转头，回到正确的道路上去。对人，你也应该如此。

《上幼儿园时，我就已经学会了我要掌握的》(*All I Really Need To Know I Learned in Kindergarten, Fulghum*，2004)是我最喜欢的一本书。小孩子提醒我们，我们其实在很早之前就已经学会了最重要的事情。他们分享的课程有："要公平对待，处理好自己闯下的祸"和"当你伤害别人的时候，请说对不起"。如果孩子能做到这些，我们也能。

可信的道歉公式

1. **真心诚意地说一声"对不起"**。别找借口，也别逃避。你是来这儿认错的。
2. **你是来承认自己到底做了什么**，那么就说明白、具体些——那样另一个人就会知道你认真倾听了，也明白你听懂了他口中的事情。
3. **奖励得分！** 如果角色互换你会有什么样的感受？很有可能那就是他现在的感受。说出来吧。
4. **告诉他你不会再犯，并且遵守承诺**。说了对不起就要做到不再犯。如果你说了不会再犯，却一次又一次做相同的事情，那你根本就没觉得对不起。
5. **请求原谅**。原谅并不意味着错误被遗忘或伤害已经消失——这两者都需要时间来治愈。原谅意味着他知道、相信你感到很抱歉。

我多希望当时我是这样做的：
"妈妈，对不起，我不该取笑你的发型，让你如此尴尬。我再也不会嘲笑你了，你原谅我好吗？"

反过来，如果有人很在乎你，并进行了真诚的道歉，接受它吧！当心非黑即白、全或无思想的危害：

一个错误并不会毁了友谊。

你会把事情搞砸，我也会。偶尔的困难并不意味着我们是废物（谢天谢地！）。

有时候，"对不起"无效

在一些特殊的情况下，即使说"对不起"也不能把你挽留：

- 一段需要你不停地说对不起的关系，很可能是一段不健康的关系。
- 如果有人请求你的原谅，但又继续伤害你，那么不论他装得多么像，他根本就没有感到抱歉。原谅和忘记以及当受气包不是一回事。
- 还记得那个不找借口的规则么？如果有人道歉了，但又找了某种方式将他所犯的错怪罪到你头上，那根本就不是道歉。你永远不必为那些伤害你的人负责，永远不必！
- 最后，没人，没人！可以出于任何原因伤害你或者恐吓你。道歉不能弥补这种伤害，没有借口，不必解释。句号！

我发现，交朋友比维持友谊简单得多。前者只需几次对话或者一个共同的爱好。后者则需要花费时间与精力，还需要大量的持续注意。事实上，很多情况下，只有经历了波折，你才会知道谁是真正的朋友。他需要一个大写的人去说出三个小写的"对不起"，它需要另一个人听见并接受这三个字。如果你俩做到了，就冰释前嫌吧，一起走向更好的明天。

· 5 ·

拼写狂魔的故事

做对事与被接纳

必须知道的

- 做对事其实并不是最重要的，尽管看似很重要。
- 如何纠正别人的错误（低姿态的，私下的）和是否纠正他们错误一样重要。
- 人们并不想被他的朋友纠正。
- 除非涉及人身安全，绝不要去纠正成人或权威人士的错误。
- 知道何时、如何、是否需要去纠正他人的错误并不容易，但却是可以学会的。

自闭症孩子的逻辑

对自闭症人而言，用词必须精准无误、分毫不差，事实应当千真万确、有理有据，至少不能有错。任何一段不精准到位的描述都好像指甲刮黑板或者泡沫塑料相互摩擦的声音，让人难受得要命。

我的一个表叔喜欢收集小人偶。那种陶瓷人偶在20世纪五六十年代异常流行。他们多是德国小人的模样，戴着方巾、围巾，穿着木屐……但这种玩偶不是用来玩的。问任何一个去过收集这种人偶房间的孩子，他们都知道绝对不能碰这些小人。

我的叔叔也喜欢收集这种人偶。它们完美地排列着，放在高高的书架上展示。绝大多数情况下，孩子都够不到这些小人偶。一旦没放得那么高，当有孩子来的时候，总有那么一两个会偷偷溜进去，把手伸得长长，去拿个小人玩一下。他们就玩那么一下！可是，就是那么一下，打乱了原来一丝不苟的陶瓷小人阵仗，看了真是让人难受得不得了，就像新衬衫领口上那个标签那样刺得人难受。

对自闭症人而言，做对事情不是为了成为对的人，而是为了按照应该的方式去做。

神经典型人并不知道这一点。在他们眼中，我们就是偏执狂，仅仅为了追求所谓自闭症最高准则——真相，就把社会规则破坏殆尽。因此，当雨天进教室老师叫你把外衣挂起来时，你会纠正她说："我根本没有外衣，我只有雨衣！"但老师并不会注意到雨衣还是外衣，她只会注意到你居然在大庭广众之下跟她顶嘴。老师（还有她身边的其他孩子）注意到的是你同时破坏了两个社会规则——（1）别在大庭广众之下纠正别人，（2）别纠正长辈的错误。这下糟糕了，我的朋友，你惹麻烦了！哦……那些听到这段对话的孩子很可能认为你在给老师难堪——而且胜算不大。

有时候，世界似乎在瞬间就错离十万八千里。你只是想指出要挂起来的是雨衣不是外衣，忽然之间，其他人都发疯似地生起你的气来。到底发生了什么？

白板上的一课

上周，我去了我家附近的一家空手道馆。那儿的教练非常棒，他们非常敬业，专注地帮助孩子成为黑段高手，更重要的是帮助孩子成为了不起的人。为此，他们每周都会强调一个品质，并把它写在白板上。上周那个词恰好是"Perseverance"（毅力）。房间里的每一块白板上都用记号笔写上了"perseverance"。但是我发现了一个刺眼的错误。他们写的不是"perserverance"而是"perseverance"。发现没，少了一个r。

当然啦，我知道他们要表达的是"坚持不懈"的意思。但是在自闭症人看来，Perseverance这个词就是大错特错了，简直就是误人子弟。一个声音在我的脑海中一遍又一遍地叫喊起来，一遍又一遍。

接下来，我坚持不懈地想着"perseverance"这个词，我根本就没法集中精力听讲。教练说了什么，我一句也没听到。我脑子里想的都是

"perserverance"被写成了"perserverance"这件事。

这已经不是第一次发生了。几个月前,这个词也出现过,这次又出现了,他们老把"perserverance"这个词拼错。没再多想,我就脱口而出地告诉教练(在班级同学和一群旁观者面前)他们犯了一个错误,他们把这个词拼错了。

公平的说,他们比他们本应的态度要好得多。我很确定当时老师脸红了——在我指出他们的拼写错误时。无意当中,我让他感觉自己像个傻瓜,因为他犯了这么简单的拼写错误。他对此尴尬地笑了笑,不了了之。我呢,也想把说出口的话吞回来,就讲了一个拼写狂魔的冷笑话。当时的气氛真是太怪了!

这种要求事事精准的做事方式常常给我们招来麻烦。自闭症人永远停止不了对精确的狂热追求。这其实也没关系。事实上,这还是件好事。正是这个特点成就了我们大脑强大的分析能力。正因如此,玛丽·居里发现了镭,莫扎特成了创作天才。

只不过跆拳道馆不是居里夫人的实验室,学校食堂也不是莫扎特的音乐房。

如果我们想要神经典型世界积极回应我们,我们就必须学会何时以及如何纠错的秘密规则。这一点跟其他我告诉你的一样,都是从我从所犯的错误中悟来的。

基本来讲,你必须先掂量一下纠错的代价。纠错让你感觉很爽,就像响一下指节或者吸一口气一样。哈,那是很不错,但这只是对指出错误的人而言。想一下:如果在第三方在场的情况下,有人不停地指出你的社交错误,你会有什么感受?至少会感到烦恼和尴尬。

如何纠正错误和是否纠正错误一样重要

你现在在干什么?你在读书。这个答案就是一个常见的自闭症陷阱。你能消化这个,因为我是在私下跟你谈这个。(好吧,书是一本书,但是你是在看书，而不是在读书，因为你并没有读出声来）。进一步说，要有更好的自我感觉，有更多的朋友，更多的约会，与大人处得更融洽，那就得忍受一下这小小的不舒服。

这就好像一个数学里的方程式。立即纠正错误，还是忍耐一会再作打算，哪个更重要？你是想做对事，还是想打一架？自闭症人常常用逻辑思考，但世上其他人并不如此。对他们而言，骄傲、感情、荣誉引领他们。所以，当心一些。一本著名的书上写道：与人相处的第一要义就是"不批评、不轻视、不抱怨"（Carnegie, 1936）。在别人眼中，你的纠错就是批评。

即使你是无心的，纠错也仍是一件充满杀伤力的事情。挑战他人常常会伤害他的自尊，让人感觉难堪或愚蠢。这个情绪一旦产生，那人绝不可能是优雅地接受你的纠错，或作出改变让事情变得更好。愤怒和怨恨的情感会如猛兽般向你扑来。你越是想证明那人错了，他越是跟你争论他是对的。

但也有一些情况，你确实应该"立即纠错"。如，你的实验伙伴用酒精灯点燃爆炸物之前。是的，现在就要阻止她。尽管在紧急事件前要如此，在其他时候则不一定这样。以下是一些帮你弄明白是否应该去纠错的指引：

是否，何时与如何纠错

评估：能等一等吗？

- 他现在忙吗？是忙到听不到你讲话吗？
- 他周围有其他人吗？
- "错误"影响了主旨思想吗？还只是细节错误？
- 这个模糊事件一定会影响中心思想的表达吗（例如，路程是13分钟，而不是10分钟）？
- 如果任其错误发展，会伤害到其他人吗？

请私下交谈

没有人想在大庭广众之下被人纠错。当我还是个孩子的时候，没什么比妈妈在他人面前批评我更糟糕的事了。我根本听不到她在说什么，我脑子里全是自己受到侮辱的场面。可想而知，当你在大庭广众之下纠正他人时，他们也听不进去，他们会满脑子想着反击。如果你的目的只是想要纠错而不是令人难堪，等到只剩下你俩时，私下讲给他听。

网络也该如此

朋友圈、博客等社交软件，也是公共场所。甚至电子邮件、短信也可能过于直接。

下级，可以；同级，可能；上级，没门

你可以温柔地指出在你控制之下或者受你影响的人的错误（看管的孩子，训练的孩子，家教的孩子）。只有在不得不的情况下，你才能去指正你的同伴——他们不喜欢被纠错（你很可能会听到他朝你大吼，你算老几啊！）。千万、千万不要纠正长者或者权威。他们可能是错的，你可能是对的，但是除非涉及安全问题，纠正他们就是无礼。

事实还是观点？

事实可以验证。2+2=4。通常如此。观点则不同。他们可以被支持，但它们同样也可以被驳斥。要确定一点，你是在指出事实错误。你的观点，和其他人的一样，不是绝对的。

注意用词

可以这样开头："我似乎注意到……"或者"我想可能……"。这比"你错了"显得更加温和。明确你的观察是对事不对人的。

放手吧

有时候别去理会错误会受到更大的奖赏，尽管这会让自闭症人感觉非常不舒服。如果教师不小心把唐朝说成了汉朝，但故事已经讲到一半了，别再耿耿于怀这个细节了。不值得这么做。如果你能集中精力听这个故事，你将会学到更多。

别管他了

随着练习，我们能够越来越容易看到"别管他"的好处。很多时候，我们很庆幸自己不光彩的时刻没有被人揭穿。

请耐心一点，如果明白这点需要花费时间的话。学习何时、是否和如何纠错仍然让很多成人（自闭症成人以及其他成人）觉得困难。

再回到那个空手道馆，生活给了我第二次机会。我坚信如果我们从错误中吸取教训，那么错误也只是错误而已。所以我决心从我的错误中学习。

那个该死的"perseverance"真是太有毅力了。我敢跟你保证，同一个单词，同样的错误。我都不敢相信自己的眼睛。命运将这个大大的困难摆在我的面前，引诱我把它说出来。这时候，我看出了这个陷阱，紧紧闭上了自己的嘴巴。坐在教室后面的走廊上，我拿出手机，给我朋友发了一条短信（压力释放！），取笑了一下自己对于错误的着迷。

然后，戏剧性的正义到来了。

你知道吗，我还有一个最重要的原则没有告诉你：

在你开口之前，确定你要说的是对的。

我发信息的时候，发现自己的拼写被手机自带的拼写软件纠错了。怎么可能！我马上打开了字典APP。什么！！

"perserverance"，看起来，根本就没有这个词。我，一个知名作者，一个语法爱好者，一个曾经的英语教师，显然将 persevere 错拼和错读成 persereve 整整一辈子，包括各种变体。

真是丢脸啊！我们都从这当中学到了一课。我学到了 persevere 这个词当中"se"后没有"r"这个字母。空手道馆里学生学到了永不言弃，不论他们累了、怒了，还是尴尬了……这比拼写错误，尤其是那个虚假的错误，要重要得多。有时候，我想我们只要坚持就能学会何时开口，只要坚持就能明白放手可以让我们更快乐。

·6·

不完美的完美

恭喜！你只是个凡人

必须知道的

- 要变得优秀是件好事，要自我提升则更棒，要完美则是自大。
- 完美主义会让所有成功因为小小的错误而失去意义。
- 我们的完美主义在他人眼中就是招人厌烦、自以为是的优越感。
- 他人是想跟你建立联系，而不是跟"完美"建立联系。

自闭症孩子的逻辑

每个人都想成为胜利者。这一点不辩自明。毕竟没有人会在一早醒来就说："我真是等不及把今天所有的事情都搞砸！"我们都想体验自豪感，如聪明、有吸引力、重要等感觉。有些人甚至为了向世界证明他们多么伟大而精心导演出一幕幕好戏。奇怪的是，那些自认为天下无敌的人恰恰最不具有这样的品质。

尽管如此，想要提升生活中的每一个细节仍是一件好事。它可以帮助我们巩固友谊，提高成绩，甚至变得更健康。那真是好极了。可是，当"完美"代替"更好"时，问题也就随之而来。渐渐地我们变得只关心我们做错了什么，而不是我们做对了什么。这就好像一个在舞台上表演的著名歌手，看不见台下成千上万欢呼尖叫的粉丝，单单只看见坐在最后一排那个皱着眉头的坏脾气小孩。跟那个愁眉苦脸的小孩一比，那欢呼雀跃的大批粉丝黯然失色。当完美成了目标，失败在所难免。而且，令人悲伤的是，我们竟允许一个小小的失误将我们的力量和价值全都压垮。

我们自闭症人喜欢非黑即白、全或无的思维方式。它让一些情形变得简单和容易，但总的来说，它也让我们对自己比本该的更加严格。很多人都会这样，但我们却登峰造极。这一点可以理解，真的。在神经典型世界中，我们承受了比原有更多的意外事故，也承受了更多的嘲笑、拒绝与侮辱。真的，难怪我们那么害怕吹牛。谁还敢啊！小小地提醒一下，这个世界我们能够控制的不多，我们随时都可能被吓得要命。相信我，朋友们，我经历过。

你想要挑战宇宙法则？

我妈妈读书时曾是个中等生。据她说，如果她考出了好成绩，那简直是天大的喜讯；如果考得不好，那也不会是世界末日。而我呢——一个故步自封、彻头彻尾的完美主义者。如果我把家庭作业上的字迹弄脏了，我就会整页重写。而我也不能靠数数来帮助自己入睡。你知道为什么吗？因为我越数到接近100我就越感到压抑……我将每一个数字都转换成了一个不够完美的分数。98？"哎！"我颤抖了一下，"又是哪里做错了呀！"

我知道，这很令人讨厌！我敢打赌你对自己也一样苛刻——只不过别人身上的完美主义更容易识别。自闭症人是臭名昭著的完美主义者。我们把世界还有自己视为非对即错的。在这个过程中你把自己打得满地找牙——因为**试图完美是当下最不完美的目标**，根本不可能做到完美，也并不存在完美。小伙伴们，这就好比你坚称只有当你成为下一个圣诞老人时，你才算成功，而这根本不可能发生。如果这是唯一能让你感到开心的事，那么你就只能悲惨地过一辈子了。

另一方面，**不完美再自然不过**。听说过布朗运动吗？它是微型粒子不可预测、无规则的运动。甚至看起来"完美"般平静和顺滑的事物，实际上也只不过是一团混乱的、无序的、快速跳动的粒子而已。这就是宇宙运行的规律，热动力学这么说的。这叫做熵，或者叫自然出现的无序。还逞强呢？你这是想要凌驾于宇宙法则之上？我保证你会一败涂地。尽管我们自闭症人在多方面与身边的神经典型人存在差异，但在一个重要方面保持一致：*每一个凡胎肉体——自闭症人也好，神经典型人也*

罢——都是不完美的，也将永远不完美。失落了？别失落。有很多人陪着你呢。爱因斯坦，圣雄甘地，特蕾莎修女。每一个都是不完美的，小心全或无的陷阱。不完美并不意味着完全失败。

适得其反

另一种追求完美的方式也适得其反。我们对完美的追求以及对公开羞辱的逃避到头来让我们变得令人讨厌。完美！

"像你这样的孩子真让我抓狂"我妈妈曾对我这么讲。这令我大跌眼镜。就在她说这话几天前，我某门成绩拿到了96分。我现在才明白，很多人愿意为96分卖命。这是个实打实的"A"或者"优秀"。但对我而言，这个分数简直是个渣渣。在班级里，我脸拉得很长，脑子里想的全是我在一道简单题目上犯下的愚蠢错误。这道题我本应该一下就做对，我的脑中循环播放着这句话。几个小时过去了，我还是闷闷不乐。

我从未意识到那样的反应在其他孩子看来会是怎样的，或者在这个过程中我对自己做了什么。

别误会我的意思——想要变得优秀是件好事，想要提高则更棒。但你"如何变得更好"是最难的部分，特别是你没来得及认真思考周围人对你的看法时。"完美主义"有时只是"自以为是"的委婉说法罢了。我们想要绝不犯错，想要比其他人都更好、更特别，基本来讲就是希望自己不再是凡胎肉体。我以自身经验告诉大家，这样的信念会让你成为孤家寡人，甚至没人愿意和你一起坐着吃午饭。

我在高中后半段都没意识到：我最差的成绩甚至比班级大多数孩子的最好成绩还要好。因此我的抱怨有点类似 Marie Antoinette（绝代艳后）说的"让他们吃蛋糕好了"*。虽然，我的本意只想指责自己做得不够好，但

---

* 绝代艳后指的是法国皇后 Marie Antoinette。当时法国国内民不聊生，人民都饿得没有粮食吃，有人向皇后 Marie Antoinette 报告说"人民都穷的没有面包吃了"，当时皇后的回答是"那就让他们吃蛋糕"。

在其他人眼里就变了味。我不假思索地向房间里的每一个人发出一条趾高气扬的信息：我比你们都优秀！我只是对自己感到失望——但是在他人看来，我在羞辱他们。我那咄咄逼人的完美主义不仅伤害了自己的自尊心，也让别人觉得他们低人一等。他们嫉妒我，同时也厌恶我。这也就意味着，他们将我视为一个虚伪的、自我中心的人。尽管我并不想这样，但我猜我就是这样。

奇怪的是：当朋友在测试中得了 A 时，我一定会恭喜她，为她感到骄傲。同理，我也应该为我自己感到骄傲。聪明、友善、敏捷、有创造力，这些都是人们所倾慕的品质。而招人厌烦的完美（或者甚至更糟糕，自以为很完美），那么，真是让人烦！

钢丝和鞋盒子

生活就像马戏团里那根表演用的钢丝，而你就是在这条纤细钢丝上努力保持平衡的杂技演员——你以为每个人都在目不转睛地看着在这钢丝上滑行的你，完美地从这一端走到那一端，但秘密是……这并不是世界所想要看到的。世界喜欢看傲慢的人从上面摔下来。随便翻翻街边小报你就明白了。

要赢得群众的爱，你需要在那根钢丝上颤颤巍巍地走。让人觉得可以亲近，做一个不完美的人。你知道吗？我们需要这样颤颤巍巍的时刻来提醒自己：我们也不过是普通人而已。这样颤颤巍巍的时刻让他人为我们鼓掌，为我们欢呼。

真的，人们并不像你想象的那样在乎你的成功或失败——他们在乎的是你的反应。你是不是像我一样惊慌失措？你是不是太过认真对待（换句话说：我比你要好得多）？或者你仅仅像其他人一样快乐而卑微地继续？不完美但却真实。如果你想让朋友为你喝彩，那么请先为自己喝彩。有时好就是好。

想象把任何错误都放进鞋盒子里，盖上盖子，把它放在高高的书架上。如果你非得再去看一看的话,它仍静静地躺在那儿,但它不会再粘在你的脸上。现在,找一件你擅长的事情——比如你二垒打得超级棒,或者你阅读题做得特别出色——并承认它,带着微笑继续生活。你会更喜爱自己,你周围的人也会是如此。

·7·

但是我没有笑

嘲笑你与一起笑

必须知道的

- 善意的玩笑、恶意的取笑和偶然的伤害三者之间的区别很微妙。
- 自闭症人总是太一本正经,但那跟过于敏感并不是一回事。
- 问问你自己:我信任这个在开我玩笑的人吗?他们真的想要伤害我吗?或许是我们之间的沟通出现了问题。

自闭症孩子的逻辑

那年我大约六岁。那天是 Skip Randall 舞蹈学校的家长访问日。我们这些小屁孩正在对着镜面墙排队,对面是一群坐在折叠椅上的家长。当音乐响起时,我们拼劲全力把新学的舞步以最好的姿态展现出来。在台上,我们像时尚的小淑女一样翘着兰花指,踮着小碎步,不时还扭动一下腰肢。台下所有观众都充满爱意地咯咯笑起来。"太可爱了",他们笑着说。可是,我并不想变得可爱和滑稽,我们本想当小大人。我感觉受到了侮辱,觉得很尴尬……简直快要发疯。然后,我就呜呜地哭了起来。后来,妈妈跟我解释说大人们不是在嘲笑我们,他们是认为可爱的我们如此珍贵,在和我们一起笑呢。

我看着她的眼睛,对她说:"可是,我当时并没有笑啊。"

时间飞快,我上了初中。我和我舞蹈团的伙伴们一起去纽约参加比赛。因为需要过夜,我们住在一家旅馆里。这一群女孩子约有 12 人,我是年龄最小的,比她们小好几岁。我也是这个团中最好的舞蹈演员……但是这并没有帮我赢得朋友。

在比赛当天早上,我去洗浴间冲了个澡。一两分钟之后,浴室的门突然开了——一大桶冰水从浴帘的顶部冲了下来，淋得我找不到北。紧接着，门"砰"地一声又关上了，随之卧室里面传来他们刺耳的笑声。孤单单的——浑身发抖的——我坐在地板上。我决定在见到父母之前，一句话也不说。当见到爸妈，我把这件事告诉他们之后，他们居然说我太过敏感了。这些女孩子或许只是想跟我开个玩笑。

但我并不想开玩笑啊。

嘲笑你与一起笑

我们自闭症人在解读肢体语言和语调上存在着极大的困难。有报道说沟通中55%～80%是非言语沟通。我不得不承认，这一点对我们来说真是个大麻烦。这么一算，我们错失了多少面对面交流中的信息啊！

这也难怪以下两个后果跟着来了：

1. **我们总是一本正经，甚至太过严肃**。有时我们会误会善意的玩笑。为什么？当你无法分辨哪些人是支持你的，哪些人是反对你的，过不了多久你就会全副武装起来——全天候地武装起来。（这一情况在舞蹈练习的时候发生过。大人们只是被一群可爱的小女孩逗乐了，真的没人侮辱我们。）

2. **当我们报告自己被嘲笑时，没人相信我们**——因为没人看见也没人听到。因此，大人们总是假设这压根儿没发生过，或者笑着说我们太敏感了（这样的事根本不存在），或者我们开不起玩笑。过一会，你会思考你为什么要大费周章保护自己。（这就是旅店中发生的情况。我被人欺负了，但我父母却认为我反应过度了。）

每个人都会时不时开个不好的玩笑，或者说一些他们希望收回的话。因此，你是如何在意外的误伤与恶意的取笑中辨别出善意的玩笑的呢？

问问你自己：我信任这个人吗？

和这个人在一起时，你有安全感吗？他是家人或是交往很久的朋友吗？是你喜欢的老师或最喜爱的表兄妹吗？是喜欢你的人或者在乎你的人吗？换句话说，基于你的了解，你认为他是真的想给你难堪吗？如果这个人是你信任的人——他不是故意让你受伤的。

尽管伤害是真实的，我们自闭症人常赋予行为或言辞其他的意义。这可能是个误会？那人可能没意识到自己提到了一个敏感话题。记住以下这一点或许会有帮助：嘲笑自己的行为说明你接受自己的不完美——就像其他人一样。因此，你是个笑话？或者退一步讲，你的所做、所言中确实有滑稽的成分？

开玩笑有时甚至是神经典型人表达喜爱的一种方式。在我丈夫的家里，开玩笑是喜欢你的意思——他们相信你能明白他们是在开玩笑且没有恶意。我花了好长一段时间才明白这个。弄明白什么是玩笑也不是一件容易的事情。

小 测 验

如果你不知道某人的动机是什么，你可以做一下这个小测验：

这个人喜欢你吗（整体来讲）？		
A. 是的	B. 不是	C. 不确定
这个人以前伤害过你吗？		
A. 不是	B. 是的（故意）	C. 是的（但真的是意外）
这个玩笑涉及的话题是我很敏感的（如，体重）或者是我很热衷的（如，素食主义）的吗？		
A. 不是	B. 绝对是	C. 是的，但她并不知情
如果我说"我觉得一点也不好笑，"，她意识到我是认真的，那么她会如何说/做？		
A. 对不起	B. 继续笑，继续开玩笑	C. 很惊讶，但停止了

如果你的答案大多是 A：善意的玩笑

那人多半是关心你的，也想和你一起笑——而不是嘲笑你。他尊重你。如果你说你不喜欢眼下发生的，他就会停止。

但是——一定诚恳地问问自己，自己是不是太过于一本正经了。因为太过一本正经会将生活中所有的快乐消灭于无形。玩笑中是不是真的有一些好笑的事实呢？如果是的，请一起笑吧。它可以缓解力求完美带来的压力，让你变得可亲，也可能创造出一个伟大的故事（还记得我试图给一个女孩留下印象，结果把事情搞得一团糟的那次吗？）

如果你的答案大多是 B：恶意的玩笑

一点也不好笑。没门！这可不行。这次可不是你太敏感。你开得起玩笑，谢谢，但这个玩笑一点也不好笑。如果他们反复拿一些你无能为力的事情（如：金钱，外貌）或者真心喜欢的（星际大战，哈利珀特）开玩笑，并用圆滑而假惺惺的"开玩笑啦"来搪塞你，或者意在让你难堪或受伤，那么，这些玩笑就是恶意的。只有直到成人的介入他们才会停止。别等待，现在就制止他们。

如果你的答案大多是 C：意外的误伤

有时，甚至连我们最好的朋友都会把事情搞砸，说一些他们本不应该说的话。这种情况就是意外的误伤。那个玩笑并不恰当，但其目的不是伤害你。当你清楚地说出你的感受时，他们就会收手。使用"我感到……"的句式，并期待改变。如果他们还是拿你开玩笑，那么就看看"如果你的答案大多是 B"的建议。

一旦你决定了是嘲笑还是一起笑，读一读"欺负，打小报告和蜂后"以及"透过镜子看自己"（第30章和第31章）。这是个容易上当的活儿，需要练习。你已经有盟友了，你只需要知道哪儿可以找到他们。

摘录的话

自信十足地讲话可以打败内心的尖叫和不安

你无法控制别人如何对待你。但是,你完全可以控制自己如何反应。

做自己的朋友,其他人也会成为你的朋友。

成长需要勇气,成为真实的自己更需要勇气。

· 8 ·

"噗！"你太有意思了！

通过对他人感兴趣来让自己变得令人感兴趣

必须知道的

◆ 每个人都想自己的声音被他人听到，都想获得他人的关注。
◆ 慢慢地展示你所知道的，那样每个人都有机会发言了。
◆ 想要让自己令人感兴趣，首先你得学会对人感兴趣。

自闭症孩子的逻辑

Oprah Winfrey 脱口秀这个电视节目刚上荧幕时，我还只是个小学生。25年过去了，这个节目的收视率一直遥遥领先。不论你有没有看过这个节目，你都不得不佩服该节目的主持人。这个女人日复一日、年复一年在世界各地的演播室里受到人们的热烈欢迎。当2011年这个节目收官的时候，Winfrey 小姐将她这些年学到的东西用以下这段话做了总结：

"在这个节目中，我访谈过近30000人，这30000人有一个共同点：他们都希望得到肯定……他们想要知道：你看到我做的了吗？你听到我说的了吗？我说的对你有用吗？……如果说我什么时候犯错了，那就是没有倾听他们的时候。"

一般来说，自闭症孩子都是优秀的发言者——至少在他们喜欢的主题上如此，恐龙、空间、希腊诸神、超级英雄、火车、动物。你懂的——你会一整天都扑在自己的兴趣点上，浑然不知时间已经悄悄流逝。好吧，在我们这个"自闭症之家"中，任何时间都可以同时展开好几个不同特殊兴趣的话题。但我得告诉你：一个喜欢神话的人不一定对异特龙和霸王龙之间的区别感兴趣。古生物学家呢，对雅典的神话也可能不怎么感冒。因此，一不当心，我们的就餐时间就会同时开启三个独白——每个自闭症孩子都在谈着他们最喜欢的话题，而这个话题其他人并不参与。

饭桌变得闹哄哄。

那样子讲话，有人在听吗？没有！然而如果你问问这些孩子，他们个个都说自己表现得友好而热情。他们尽了一切可能跟其他人分享他们知道的。只可惜他们错了。

成为行动的一部分——而非全部

好的对话应该像势均力敌的对战双方或者精彩绝伦的网球赛一样。观众热切地盯着球从球场的一边跳到另一边，然后又跳回来，又跳过去，如此往复。好的对话也像二重唱一样，不是一边压倒另一边，而是双方平等参与。良好的对话和关系也应该以这样的方式展开，每个人都应感到自己参与其中。

我们自闭症人很擅长记忆——特别是涉及我们感兴趣的话题时。这也是我们自闭症人在小时候常被为"小教授"的原因。但这个称号并不纯粹是对我们的赞誉。毕竟，我们对知道汽车零件、蝴蝶品种或者其他任何感兴趣的东西都表现得太过沾沾自喜。我们有理由这么做。但问题是，我们竟天真地认为神经典型世界会因我们的博学对我们印象深刻，甚至认为他们希望我们进一步分享所知道的一切——因此，我们总是讲啊，讲啊，滔滔不绝。我们没留意到周围的人已经无聊至极。有时情况甚至更糟，周围的人觉得我们在"说教"（这是咨询师在描述我的"无所不知"时想出来的一个可爱词汇）。

如果他们认为你是在卖弄的话，他们不会喜欢你。

那么，当你确实对话题了如指掌的时候，如何才能做到是参与而非掌控对话呢？你可能知道得比老师还多。那很简单。你只需每次说一点。我们能够花光所有精力一次说个痛快，人们也会知道我们，但并不会记住我们，更不会喜欢我们。这一点，你一定要相信我。我犯过这个错误。这也是我被称为"字典脑"的由来。

说的比听的多。滔滔不绝地讲你自己，你的经历。因等不及讲自己的想法而打断别人。这样做，你可能会在小游戏中获胜，但是，你绝不可能交到好朋友。

你应该这样提醒自己：

- 我知道自己知道什么。其他人并不需要知道。
- 每次只告诉别人一点，让别人也有机会觉得他很聪明。
- 我必须等到合适的时机再开口——如，当别人问我问题的时候或者教师向全班提问的时候。
- 我必须有耐心。别人终将会意识到我对这个话题了如指掌。
- 因为他们也有机会参与，他们会更渴望和我一起工作、聊天或者外出游玩。

人们喜欢那些让他们自我感觉很棒的人

这儿有个听起来不太舒服但绝对真实的事实："人们对你不感兴趣，对我也不感兴趣。他们只对自己感兴趣——早晨、中午、下午"（Carnegie，1936）。我并不是针对某些人才这样说的。事实就是如此。正如 Oprah 所言，每个人最大的需要就是被关注。确实，你是这样，我是这样，大家都是这样。

想要让别人对你感兴趣，首先你得学会对别人感兴趣。

你无法通过和别人讲话来达到这个目的，你只能通过倾听别人来达成这个目标。不论你说什么，分享什么事实，这都比不上让别人来谈谈他自己让人感兴趣。"自己牙痛比千万人的大饥荒对那个人而言更加重要……下一次对话之前先想一想吧。"（Carnegie，1936）

孩子不喜欢那些高高在上的人，事实上，成人也是如此。没人愿意跟一个夸夸其谈、处处炫耀、不听他人之言的人一起工作、玩耍。换做你，你会愿意吗？当团队中每个人都有平等的机会做出贡献时，人人都会更快乐。如果你发出"你比别人更聪明，比别人的点子更好，比别人更重要"

的信号，那么你把一切都毁了。

　　从"字典脑"的教训中吸取经验吧！控制住想要炫耀博学（别人要说的下一句）的冲动，每次只为团队贡献一点点。你不必像百科全书一样准备好所有事实，只需知道所要知道的，再准备一些笑话。那个疯狂的、隐藏的、严肃的、秘密的社交规则告诉我们：想要学到很多，被团队接纳，你就需要成为一个优秀的倾听者。想知道怎么做？且听下回分解！

· 9 ·

魔镜！魔镜！

反射，反射，反射

必须知道的

- 你得调动身上的每一个部分来表现你在认真倾听（别人无法知道你认真听了，除非你表现出来）。
- 反映性倾听技巧能帮助你认真关注他人并与他们建立牢固的联系。

自闭症孩子的逻辑

现在，你应该已经明白倾听——而不是讲话——才会令人对你印象深刻，并对你感兴趣。这听起来似乎很简单是不是？大错特错！成为一个优秀的倾听者需要思考、准备以及大量的练习。**这首先涉及你的肢体动作，最后才是你的言辞**。刚开始，这听起来可能很奇怪，但是这背后的逻辑很简单。通过鼓励别人谈论他们自身，你让他们感觉自己很重要，这样，他们就愿意继续留在你身边。

那我们该如何开始呢？

调动全身去倾听

要听到别人说话，只需要用耳朵就可以了。但如果你想表现你在倾听，那么，记好了，除非你用你的肢体语言清楚地表明这一点，否则别人无法辨别你是否在倾听。

眼睛

这一点对自闭症人来说有点儿棘手。通常来说，神经典型人会通过发起和维持目光接触来表明他们对某件事或某个人很感兴趣。而对我们大部分自闭症人来说，目光接触让我们感到非常不舒服。看别人的眼睛会导致我们光记得费力看那个人而忘了要听他讲话。

试一试：

- 看人两眼中间的一点或者他们的鼻子，那样会让你看起来好像在看他们的眼睛。
- 向别人说明："原谅我，我真的在很认真地听，虽然有时候我眼睛看向别处，但其实我听得很认真。"

大脑

任何人都很难一心二用。这一点是有科学依据的。我们能在大脑里快速切换频道，但是不能同时运行两件事情。这就意味着，如果你脑子里想着接下来要说什么，那么你就不可能认真听别人讲话。如果你嘴里想蹦出个"但是"……请等一等，等到别人把她想说的说完。当你想着接下来自己要怎么对答的时候，你便无法听到她说的话了。

手、脚等

上串下跳、坐立不安——这些对你来说可能并不是分心的表现。事实上，如果你手头在做一些事情，你可能听得更认真。但是，对另一个人而言，你看起来并不像在认真听。动来动去传达了"我可没有耐心听你唠叨，我感到无聊"这一信息。因此，你可以说"你说的内容非常重要，但是我必须手里做点什么，或者我得活动一下身体才能听得进去。"这样说，绝对没有问题。

那么，调动你身体余下的部分来表现你认真倾听了：

- 身体前倾，靠向说话者。
- 时不时地点点头，表示你理解了他说的话。
- 微笑，如果那是个开心的话题。
- 双手别交叉在胸前；封闭的体态表明你不愿意接受他人的想法。

◆ 把手里的东西放一边，比如手机、掌上游戏机等。（还记得不能一心二用么？千万别在这一点上摔跟头）。

打断

尽管我们可能不是故意的，但打断别人说话就表明我们不在意别人说的内容，认为自己想说的内容更重要。这是自闭症人的常有的一个习惯——也是很难改的一个习惯。那么如何改正呢？

1. **闭上嘴巴**。闭得紧紧的。如果你张着嘴巴，想要说些什么，闭上！就算你张着嘴巴不说话，那张着的嘴也传达了你想要说而不是听的意思。想象自己的嘴巴已经被胶水粘上了，把它闭得严严实实的。
2. **想象自己有一本笔记本**。我们打断别人的一个主要原因是害怕自己会忘记想要说的话。因此，想象你有一本笔记本，把自己想说的全记下来。让自己的想法视觉化，你就更可能记住它。如果你真有一本笔记本，那就把它派上用场吧。

一旦身体参与了倾听，大脑也会聚精会神。这是一个很好的开头。你正踏上向别人展示你认真倾听、对他们感兴趣的光辉大道。这也说明你也在让别人对你多一份兴趣，最后你也会有机会发言。

魔镜！魔镜！

你身体前倾，不时地点头，认真地倾听。你让整个身体都运作了起来，清楚地表明了自己很关注那个在讲话的人。她感到自己很重要，感到自己很有趣。这一切都是你的功劳。

这一招非常有效。人们根据他们对人和事的感受做出反应。让讲话的人感到自己很重要、很有趣，那么她会逐渐对你产生好感。

你已经让身体的其余部分参与到这个游戏中，现在让嗓子也参与其中吧！

反映式倾听

读完大学之后，我便继续攻读研究生，毕业后成了一名初高中学校心理咨询员（后来又当过一段时间老师）。在那个时候，我还不知道自己是一名自闭症女孩，甚至不知道什么是自闭症。但我知道我所学会的某个特定技能在我与他人的对话中发挥了重要作用。

不经意间，我学会了一种非自闭症的倾听方式，这个方法真的非常有用。这一方法叫做"反映式倾听"，我给它起的名字是"当一面镜子"。忍耐一下——一开始，它听起来有点像"心理泡"——咨询员和心理学家经常用到这个词。而我则是在社工学校里面学会这个的。请相信我，这个方法很有用。

反映式倾听让其他人知道我们不仅在倾听，而且我们还理解他们。 对自闭症人来说，理解别人是一件非常困难的事。要向别人显示我们理解了这一点，更是难上加难——但是让别人知道我们已经在"倾听"他们，这一点是我们必须去做的。

这个技巧能让我们与任何人——父母、教师、朋友、男生/女生（约会对象）、未来老板、甚至你的兄弟姐妹——的相处变得更轻松、更真切。

什么是反映性倾听，什么不是？

反映式倾听是：

- 一种避免倾听时大脑放空的方法。
- 一种确保你理解他们真正所说所感，而非臆测他人所说所感的方法。
- 一种证明你想要真正理解他人想法的证据。
- 一种帮助说话人明白他在表达什么，让他感觉更有力量（更高兴在你身边）的方式。

◆ 一个让友谊更上一层楼的方式。

反映式倾听不是：
◆ 一种证明你是正确的方法。
◆ 一种说服别人，让别人信任你的手段。
◆ 一份替你的观点说话，只有你看得懂的陈述。

按照如下步骤做：

步骤一：反映言辞

重复（总结或复述）你听到的，但需要用如下的问句的形式：
"你感到……"或"听起来你……"或"你想知道是否……"

如果你正确地反映了（就像镜子一样）说话者的意思，那么，她会给予肯定。

如果你没有弄清她表达的意思（像哈哈镜一样），说话者也会给予反馈。这可能是因为你没有听明白，也可能是说话者没有很好地表达自己。

比如：

你听到朋友说："我真是任何事情都做不好！"

你说："你感觉自己常常把事情搞砸？"

步骤二：反射情感

极限挑战！你能辨别出别人语调中蕴含的情感吗？这很难，我知道，但是你要去尝试。她说话很快吗？很大声吗？还是细声的？再看看她的肢体语言。她跺脚了吗？她的肩膀耷拉着吗？她哭泣吗？她在笑吗？她脸红吗？这些线索都提示我们潜藏在内部的情感。而且，你还可以帮助她意识到她真实的情感！

以下是一些好的开场（你可以将第2章表格中的情感词填入括号中）：

"你感到（　　　　）？"

"你听起来（　　　　）。"

"你看起来（　　　　）。"

"你是不是感到（　　　　）？"

例子：

你妹妹说："那个女孩就跟皇后似的。"

你可以说："你听起来有些抓狂"，或者"你看起来有点伤心"，或者"你看起来有点沮丧。"

步骤三：校对

是时候确认你是否已经理解讲话者所说的内容了。用以下的语句，问一两个问题来确认：

"你对（　　　）感到（　　　　）。是这样吗？"

"当（　　　）时，你感到（　　　　）。"

"因为（　　　）所以感到（　　　　）。"

是的，你确实可以打断别人，但是应该以"对不起"作为开头。这样那人不会觉得自己被人打断了，反而会觉得自己很重要。

例子：

你听到你的朋友说："我弟弟总是让我觉得自己是个蠢货。"

你可以说："你听起来很烦你弟弟，是这样吗？发生什么事了？"

步骤四：相信

你不需要解决别人的问题，事实上，你也不应该那么做。记住，我们在努力走出"无所不知"和"高高在上"的角色。很多时候，人家跟你讲是因为他们信任你会认真倾听他们，而不是因为他们想要你提供解决方案。你的目标是当一面镜子——反射，而不是评判和建议。所以，除非他们要求你给出建议，否则你无须那么做。相反，你应该相信他能够自己解决问题，并把这种信任表现出来。

避免

以下这些回应都会阻碍沟通。它们不仅不会帮助你倾听，还可能会终止对话：

"那可真傻。"

"你绝对是对的。"

"这是你的错。"

"你错了。"

"我想你只不过是（ ）。"

"你真正需要的是……"

"这让我想起了当我……"

尝试

你想要给讲话者力量，鼓励他们解决问题：

"那么你会怎么处理呢？"

"你认为应该怎么发展？"

"下一步你打算怎么做？"

"你对整件事情的感觉是怎样的？"

同理心——一种预期和感受他人情绪的能力——是非常难以掌握的。我们都想从自己的角度去建议，去告知，去表明立场。但对自闭症人来讲，这几乎不可能。因此，不要因为这样做看起来奇怪或者虚假就感到沮丧，尤其是一开始的时候。对你可能如此，对别人而言，也可能是这个样子的。那又怎样，继续尝试。如果你不断练习，你就会逐渐成为一个更好的倾听者。这会让你成为一个更加有意思的人，世界上的其他人也会更愿意有你在身边。

·10·
不用谢

赞美的力量

必须知道的

- ◆ 对他人的赞美并不是对自己的贬低。
- ◆ 要能真心地赞美他人就得先学会接受他人的赞美。
- ◆ 具体明确的表扬是最强有力的。
- ◆ 大方地接受赞美,嘴角微微上扬,并礼貌地说一声"谢谢"。

自闭症孩子的逻辑

我还非常清楚地记得我男朋友带我去滑旱冰的那个夜晚。滑旱冰是一项非常有趣、也很好玩的运动。那年我19岁,跟我们同去的孩子们平均年龄为12岁左右。我们走进旱冰场,头顶的旋转灯光令人眼花缭乱,耳边的音乐更是震耳欲聋。站在柜台后面的收银员是一个跟我年龄相仿的女孩。她走过来向我们收钱。

"你的眼影真好看。"我说。她的眼影确实非常好看,颜色很柔和而且混得很均匀——作为女生,我知道掌握这个技巧可不简单。她看着我,带着怀疑的眼光。在看到我真诚地露出了大白牙之后,她也回了一个微笑。"非常感谢",她说道,心里的愉悦溢于言表。"这是我刚买的颜色。""好漂亮,它们看起来太美了。"我补充道,然后就和男友转身离开,去穿溜冰鞋。

系鞋带的时候,男友看着我,显然对我刚才的举动印象深刻。"你刚才真是太了不起了",他说。我并不清楚他指的是什么。"你赞美了她,而且是真心的。你不是虚情假意地恭维,你说的真的很好。"我耸耸肩,笑了笑,说:"没什么大不了的,我只是实话实说罢了。"

这个小插曲让我明白了一个关键点:女人以及女生之间很少真诚地

相互赞美。也就是说，按照这个思路，如果有人赞美你不外乎两个原因（1）他想在你身上得到些东西；（2）那人虚伪狡诈。多荒谬啊，我当时想。直至今日，我依旧这么认为。

赞美本应像一份单纯的小礼物。但显然，赞美远比那复杂得多。我们自闭症人——不论男女——还给赞美添了一层其他的东西。我将对别人的赞美视为对自己的贬低。"我是世界的参照点"的思维又蹦出来了。心理学家管这叫做"本我中心主义（自我中心的思维）"。又一个自闭症陷阱！而且，我敢保证：如果你这么想，那你手中就攥着一张通往伤心与孤独的单程票。就像我最喜欢的 T 恤衫上说的："世界真的不是只有我"。

对他人的赞美并不是对自己的变相贬低。

如果老师表扬另一个学生诗写得棒，他不是在批评你写得不好。这时你不该说："哦，老师，你过来看看我写的。"如果你这样做，你就无端挑起了一个根本不存在的竞争，也显得自己像个懊恼的失败者。如果教练对另一个队员说："跑得真快"，你也不用嘟嘟囔囔发牢骚："我也跑得很快啊！"没人说你跑得不快。

不能很好地处理对别人的赞美，是我们的不安全感在作祟。这样会让我们不合群，甚至令人讨厌。我们需要留好心理空间，接纳别人的天赋和能力，同时并不因此感到失去了自我价值，或自我价值贬损。

请注意，作为一个自闭症人，想要合群，真的很难。有时，合群竟是这世上我最不愿意去做的一件事情。学会成为小组中的一员，而不是独占鳌头的那一个，这真是个挑战。如果那样，我们对别人还有价值吗？

答案是肯定的，我们仍然有价值，甚至会更有价值。每个人都对世界有特殊贡献。这并不是偶然事件。如果我们每个人都是班级中最好的艺术家，那么谁来当学生中的歌唱明星？如果每一个科学家都只研究化学，那么谁来研究宇宙呢？自闭症人常常希望自己独树一帜，这是因为我们误以为合群等同于默默无闻。这真是太可怕了。想要感到重要是这个世界上最强大的推动力。因此，腼腆的自闭症人慢慢成了人群的背景，大胆的自闭症人为了获得世界的关注而走向极端。但是，相信我，给予别人赞美（至少容忍对别人的赞美）并不会降低你的重要性。事实上，这增加了你获得别人赞美的概率。还记得黄金法则吗？不要对别人……

著名作家 Ralph Waldo Emerson 曾说："每个我遇见的人都在某一方面比我优秀。在那个方面，我就该向他学习。"他没说："我因此感到受威胁"或者"我一定要超越他，打败他"。他真诚地看待每个人身上的每一个闪光点，并向他们学习。回过头来，我男朋友对我赞美另一个女孩的行为有怎样的反应？他是不是忽然看向我的眼影然后在心里嘀咕："我女朋友的化妆技术真不怎么样？"他是否因为那个漂亮眼影的收银女孩而甩了我呢？没有！因为我能够真心实意地赞美另一个女生，他对我印象深刻。对他人的赞美不会减损你的价值，恰好相反，你会因自信和善良而熠熠生辉。

赞美好似微笑——你给予得越多收获就越多。

如何给予好的赞美

给别人一个合理体面的赞美看起来似乎易如反掌，但其实并不简单。简单的是溜须拍马——但那是不真诚的赞美。普通的赞美却又不够有力。

步骤1：具体明确

"你穿那条裙子真好看"比"你真好看"要来得有力。"历史课上你的提问非常有意思"比"今天课堂表现不错"来得更好。对你所表扬的内容描述得越具体明确就显得对他人越关注。

步骤2：支撑观点

对你的赞美给出解释。为什么那件衣服看起来很好看呢？"那件衣服穿起来真好看，因为它的颜色和你的眼睛很配。"为什么那个提问有意思？

"因为这个问题指出了我从未考虑过的一些东西。"

步骤3：继续

赞美可以成为对话的良好开头。问一个关于你所赞美事物的问题，继续这个对话。比如，你很喜爱某品牌的那件衣服，你可以说："这衣服你是在哪儿买的，我之前从没见过。"至于那个历史课上的提问，你可以这么继续："你读过丘吉尔传记吗？（其他话题也可以）"

不 用 谢

真诚的赞美会让人开心一整天。别因为挑战它或者害怕它，而剥夺这份快乐。你也有自己独特的天赋，尽管你可能还走在发现它的路上（我现在就是这个情况）。给予赞美——真诚且经常。可能会有人跟你唱反调，甚至与你争吵，但那是他们出了问题，而不是你。当别人赞美你的时候，大方地接受他们的赞美，不烦不躁，微笑着，说一句"谢谢你"。为你赢得的赞美感到骄傲吧！

摘录的话

一个对你态度好,但对服务员态度不好的人,不是一个真正态度好的人。

人们哭泣不是因为他们柔弱,而是因为他们坚强得太久了。

给予第二次机会是明智的,给予第三次机会则是荒谬的

尽你所能做得最好,你会因此变得更好。

• 11 •

碎了的意大利面

像湿滑的面条一样思考的好处

必须知道的

- 领导者善于倾听、尊重他人。他们头脑灵活，就像湿滑的意大利面。
- 一个呆板的思考者（认为自己才是唯一正确的人）就像生意面。当要求做出改变时，他们就会折断。
- 永远不变的是改变。
- 如果我们只能应对我们所预想的世界，那么我们就会像生意面一样容易折断。

自闭症孩子的逻辑

我们知道自闭症人是有点刻板：全或无，说一不二，非黑即白。没有太多空间容纳"模糊"的灰色地带。你必须走这条路，不能走那条路，只有这样你才能到达想去的地方。因为这条路最高效，就这么定了。你必须从那家意大利餐厅买披萨，因为他们家的披萨最美味，就这么定了。我来当蝙蝠侠，你来跑龙套——因为我这么说，所以你必须这么做。我来当老师，你来当学生，照我说的做。我这样并不是因为我盛气凌人，而是因为我就是真理。你们每个人都要服从我的想法。

是的，我想你已经明白了。这是一件很诡异的事情。当我们有控制权的时候我们感到很舒服，因为这时候我们可以发号施令（出于好意的）。但与此同时，我们的管理技能（如何鼓励和引领他人）却不怎么样。

每一个我参与过的社团——高中的公民社团，女生联席会，网球队，啦啦队，甚至是我孩子学前班的家师联盟！——在其中，我都非常敢于表达，言辞具有逻辑，个性充满热情。这一点我非常清楚。常常，至少在一

11 碎了的意大利面

开始，我被指定为领导者。但是，随后，问题就出现了。我弱弱的人际技能一下子就全然暴露了。我感到精疲力尽，全然崩溃。很显然，当一个好老师（教学者向人展示干什么，为什么这么干）和当一个好领袖（激发合作和团队精神）是两件截然不同的事。

我不得不承认我花费了好长时间才明白两者之间的区别。如果我很了解某事，也很喜欢这件事，就应该由我来主导吗？不是为了我自己，也不是为了……，不管为了什么，答案都应该是，不！

好的领导不是收集事实最多的人，不是投入时间最多的人。好的领导不会浪费时间去证明他们是对的。领导者善于倾听、尊重他人，接纳他人，而且永远不会说"你错了"。

简言之，他们就像湿滑的意大利面一样。等等，成为一根湿滑的意大利面意味着你是软骨头，是墙头草？好吧，在某些特殊情况下，是的。但基于我们当下的目的，这意味着成为一个头脑灵活的人。你会慢慢明白的。

自闭症人的思维，就像我说的，常常有那么一点刻板。我们并不想盛气凌人，只是为了确保我们是对的。那是我们最自然的思维习惯——这也有其绝对优势。它帮助我们隔绝了细节以及多种可能带来的压力——就好像隔绝了令人厌烦的"噪声"。比如，这让选择某个立场变得更容易：支持或反对，是或否。回答 A 或 B 的问题更快速。这更高效、更省力。

但这并不能保证我们找到了最好的或唯一的解决方案。

刻板思维就像生意大利面（生面条，或者其他类似的）。到厨房去，拿一些出来看看。它们硬硬的，细细的，直直的。稍一弯就断了。如果我们弯得太厉害，我们也会折断。

另一个可选项是湿面条。它更具延展性，可弯曲，更具适应性。灵活的思考者——煮熟的意大利面们——比我们更能适应常规中的改变，寻找新问题的答案，也更能根据情况改变目标。换言之，他们不会折断，可以弯曲和旋转，保持完整。

世间唯一的常态

年轻的时候，你以为世间一切都是永恒的。杂货店里日日排的队伍，日日期盼的驾照。你很难发觉万事万物变化如此之快。万事万物确实变化迅速。事实上，世间唯一不变的就是改变。朋友会离开；我们会毕业，会上新的学校；宠物会老去死亡。不论我们多么努力，世间万物都难以一成不变，我们无法改变这一点。四年前，我爸爸去世了。我无法让他起死回生。大学期间，我每天在同一时间、同一地点和同一群人吃饭。她们如同我的姐妹。时至今日，她们依旧是我人生中的宝。但是现在我们天各一方，十几年未见。我的孩子们——我一生的挚爱——每一天都在长大。我看到过的两句话让一切释然："不要因为结束而哭泣。""因为曾经拥有而会心微笑。"每一个改变都是我们人生画卷中精彩的一部分。

世界很乱，不可预测，有时还不公平。我知道那样很可怕。不论我们定下多少常规、日程表、视觉日程表或计划，生活依旧充满不确定。如果我们只能应对我们所预想的世界，那么我们就像生意面一样容易折断。所以我们不得不去改变：我们要成为湿滑的面条，至少做一段通心粉吧。继续阅读——下面是烹饪课了。

· 12 ·

煮通心粉

如何让思维变得灵活

必须知道的

- "小组工作模式"将是一生的体验——即使毕业之后它还将继续陪伴我们。
- 怎么说和说什么一样重要。
- 差异不等于错误。通常解决问题的方法有很多种。
- 每个人都认为自己是世界上最重要、最有意思的人。
- 不要总说你想表达什么，或者你的感受是什么。问问你自己，其他人有什么感受，会怎么回应。

自闭症孩子的逻辑

在学校中，我最讨厌的事情就是小组活动。在其他人都跃跃欲试、摩拳擦掌的时候，总有那么一个组员什么也不做。接下来还有一个大难题：就是我们该做什么以及怎么做，才能避免被误解为盛气凌人或无所不知的人。

难道我就不能一个人把事情全做了么？

不能。过去不能，将来也不能。尽管很不愿启齿，但我还是得告诉你：即使初中或高中毕业之后，"小组工作模式"还会在你的生活中继续。它无处不在，无刻不在。是的，你可以选择不同的运动项目，比如武术，那样你可以一个人操练；你可以选择不同的职业，比如作家，那样你可以大量时间一个人思考与工作。但是黑带选手需要和训练伙伴一起练习，作家需要和编辑交流意见，大学里的实验室需要团队协作，政府依靠议会成员的相互协作解决财政难题、制定法律，就连婚姻也是一种团队工作，家人也是团队。"小组工作"永远都在。

因此你该怎么做呢？自闭症人究竟要怎样才能与人成功合作呢？这全都依赖于尊重！

和他人愉快地玩耍

尊重他人的观点和同意他人的观点并不是一回事。尊重他人的观点仅仅意味着你接受他们有想要成为何种人、做何种事的自由，这种自由不受他人批判。就像我们不喜欢神经典型人把我们批判成"怪人"或者"变态"一样。己所不欲，勿施于人。这就是尊重。

未煮熟的意大利面：不能做的事

如果你想当个灵活的思考者，那么以下的事千万要避免，还有为什么这些事需要避免：

- **千万不要告诉别人他错了**（包括使用含有类似含义的词句，如："那样不对"，或"千万不要"，或者"你怎么能那么想"，等等）。可能他是错了，可能你是对的——但这不是当前要解决的问题。
- **你的目标不是去纠错——而是与他人有效且高效地合作**。如果我们说某个人很傻、很笨，甚至侮辱他，我们会戳伤他的骄傲。换句话说，我们会让他难堪，让他沮丧，或者兼而有之。一旦伤害了他们的感情，多少事实和逻辑都无法让我们赢回他的心。同学不愿意和我们组队，教师被我们惹怒，朋友（甚至我们想要约会的对象）会抛下我们，和别人出去。
- **当心**。一不留神你就会以其他方式传达出"你错了"。你的肢体动作、你的语音语调都必须表现出你愿意尊重他人的想法。那就是说，不能翻白眼，不能烦人地叹气。不能大喊大叫，不能一走了之。不能放弃。看扁他人的方式千千万万，发出"你是大傻瓜"或者"我比你好太多"或"我根本不在乎你说什么"信息的方式也是不计其数。不管有多沮丧、生气、无聊和烦躁，不管你认为他错得有多离谱，以上任何一种行为都会完完全全将我们出卖。

未煮熟的意大利面：要做的事

- **记住：另一个人可能在事实、逻辑、方法甚至一切事上都错得离谱，但是他不会认为自己错了**。这就是为什么任何时候你指出他的错误都是徒劳。在使人信服之前，你必须弄清为什么他那样想，那样做。你必须进入他的大脑——必须从倾听开始。

- **倾听**。再读一读第9章"魔镜！魔镜！"，熟悉一下那些积极的反映式倾听技巧。在团队或者小组中要做的第一件事就是倾听他人想法，而不去想你接下来要怎么回应。

- **重要的不是说什么，而是怎么说**。这句话我妈妈一直挂在嘴边。在成长过程中我可能听过千万遍了，但我一直听而不闻。这句话是真理。温柔的回应比狂暴的攻击要有效得多。"我想最好能不能……"比"别……做"或"我认为你应该……"要好得多。

- **带着欣赏去回应他人的想法**。还记得第3章"因此，你留意到了他人的好心"中关于如何在收到礼物后说一些让人舒服的话的策略吗？那些策略，在这里同样适用。我们不能总是空谈，在这儿你必须真心地承认他人的贡献，并真诚地肯定。"你做了很多研究"或者"那个主意很有帮助"表现出你对他人的欣赏，并抛开对结果的判断，对他们进行鼓励。

- **以问句的形式、而非命令或陈述事实的形式呈现想法**。用"而且"而非"但是"。"而且"这个连接词听起来更舒服。试一试："你是不是考虑下……"或"我在想……是不是也会有效？"，或者"好的，而且我还想听听你对……的意见。"

- **建议一起回顾事实**。一本优秀的"与人相处"的书中曾提到："如果你说：'我可能错了，我们一起来核对一下事实吧'，那么没人能够拒绝你"（Carnegie，1936）。因此，你可以说："你也这么认为吗？"或者"好吧，我恰好有个不同的想法，可能并不正确。反正我也不是第一次犯错了。我们能一起来回顾一下事实吗？"忽然之间，你就在团队里建立了一种人人可以发言的氛围。

又是"他人观点"！

- **福特——伟大的发明家和汽车制造业的传奇——曾经说过："如果非得说成功有秘诀的话，秘诀就是从他人和自身角度去洞悉他人观点的能力。"** 作为一个疑似自闭症人的福特意识到他人观点的价值这一点并不奇怪。对于你我，甚至对于他，弄清这一点都绝非易事。

- **我想进一步说，不仅倾听他人的观点很重要，弄清他人为何这么想更加重要**。个人经历对于一个人的观点有着非常深远的影响。一个战士家庭会很难容忍反战的话语。一个刚被女朋友甩了的人可能很不想听到"爱让世界转动"这样的话。对说话者了解得越多，你就越能了解其言语背后的信念和经历，以及那些他不愿意参与的敏感话题。在这样的情况下，一切都一目了然了。当情绪在讲话时，逻辑只能乖乖闭嘴。

- **每个人都渴望成功，这是真理**。人人都想要感到自己是聪明的、重要的、被人喜欢的，这跟你一模一样。相信我。我知道在这样一个令人困惑的世界中行事是一件很难的事情。我们自闭症人最大的恐慌是我们不知道接下来要发生什么，这种恐慌一直伴随着我们。我们不知道别人会怎么做，怎么回应。我们靠一个接一个的常规、日程表、计划表、安排表来组织这个世界，但这一点用也没有。我们仍然很焦虑。

- **试试这个指导纲要吧：每个人都认为自己是世界上最重要、最有趣的人**。在下一次谈话或者小组活动时，约会或参加派对时——问一问你自己:"站在他的立场上,我会怎么想?我会想听到一些什么?"别再用你想说的或者你感受的去回应了。试着用他可能感受到的去回应。记住这个规则,生活就不会那么疯狂或不可预测了,这种改变仅仅是因为你考虑了他人的观点。你呢,就像湿滑的面条一样灵活。

·13·

你必须抓住枕头

为什么批评这么重要

必须知道的

- 没人喜欢被批评，但离开了它，人们又难以有进步。
- 非黑即白的思维方式会让人难以接受他人的批评。
- 欺负带来的"旧伤口"会让批评听起来像攻击，即使别人并不想伤害我们。
- 我们必须有能力去"抓住枕头"，以便像普通人一样学习和成长。

自闭症孩子的逻辑

当我把手稿交给编辑和出版商时，我明白自己想向读者传达何种信息。我一直都惦念着我的读者们，揣测你们想要知道些什么。我回忆了一下自己的经历，并将它们进行分类，挑选了那些最能阐释我观点的内容。那真是一项浩大的工程——更浩大的是，我倾注在这些文字上的心血。直白地讲，我很在乎我所呈现的——也在乎你是否喜欢。

在你读到这些文字之前，它们经过编辑和出版团队之手，经过市场营销和销售部门的策划。那真是太可怕了。每一个读者都有自己的想法。这也是为什么——不论我的原始手稿多完美——我还是会收到"建设性批评"。

我想请你闭上眼睛想象，想象你已经在电脑前坐了好几个小时了，并且你把自己全心全意地呈现给了这世上的陌生人。当你的收件箱里塞满了回信时，你会有什么反应？好的，请记住这个问题，我们一会儿再来谈这个。

批评令人害怕。它直截了当、令人生畏。我们绝对都想被人喜欢。一句责备就会让我们受伤。它会动摇我们的信心。说句心里话，这也是唯一能让我们进步的途径。除非我们再也不求进步，满足于今日所有，否则我们就要学会利用它。

没人喜欢被批评，但自闭症人似乎更加难以接受。你还记得引言中那个"抓住枕头"的比喻么？即使别人的审视像枕头一样柔软，当它们向我们掷来时，我们也完全可能被吓坏。解决"枕头"的关键在于冷静地抓住它们，如果我们能够抓住这些枕头，那么这些枕头很快就不会再向我们飞来。事情结束了，而我们还能站在那儿。但如果我们不断躲避，不去抓住它们，任由它们砸在我们身上并弹回去，那么它们就会一次又一次地向我们飞来。

我是对的，你是错的，就是那样

我们中的一些人太确信自己的方法就是正确的。一旦受到质疑或者遭到拒绝，我们就会感到自己不被尊重。我们太感情用事了。

在读大学的时候，我是女生联谊会的宣传部长（有些讽刺吧！）。除了其他事情之外，我主要负责派对活动。在某个学期的某次活动中，我们遇到了一些问题：我们想邀请的客人比实际能容纳的人数要多。这就意味着，物资不足，廊厅拥挤，实际支出会大大超出预算。我在一次全体会议上向大家说明了这个情况。每个人都同意一个女孩只能邀请两位外部人员入场，并且要凭票入场。

在派对举行的那个晚上，一切都很顺利——来的人很多，但并不拥挤；音乐很欢乐；大家看起都很开心，容光焕发。然而，这时我遇到了一个难题——有两个大学三年级的男生也想参加。这两个男生很好，但他们因为在派对上太过疯狂而臭名远扬。更关键的是，他们根本没有受到邀请。我礼貌（也很紧张）地拒绝了他们的加入。就在这时，我们的社团主席——一个大学三年级的女生——走到门口，邀请他们进来了。尽管我极力阻止，但她一句也没听。她转头看看我，让我别大惊小怪。"别老是这么假正经"，她不屑地对我说："这是个派对，每个人都想玩得尽兴"。"再说了，你只是个小小的新生"，她补充道。

好吧，我得承认——我简直疯了，真的疯了。尽管我比她小两岁（意味着她在年龄和社团等级上都比我大），但她还是破坏了规则。再说了，是我负责这个派对的运行，负责这个派对的预算。她根本没有权利告诉我该怎么做，我把类似的话当着大家的面回敬了她。

15年后，我再回忆起那一幕，觉得其实我俩都没错，可是我俩又都错了。

作为社团的主席以及高层，主席本应该私下把我拉到一旁，礼貌地告诉我，这个规则可以有例外，而不应该在大家面前给我难堪。她的行事风格可真不怎么样！但是你知道吗？她已经为这个团队付出了很多的时间与心血，她理应享受想邀请谁就邀请谁的特权。

她对我的指责也是对的。我太执着于"规则"，以致我失去了更大的图景——没必要为这个大惊小怪。将那两个男生踢出派对，会让他们很扫兴，也会让已经在里面的很多朋友扫兴。我就是一根没煮熟的意大利面，一个刻板的思考者。我当时很确定我是对的，她是错的，但我忘记了这样做带来的严重后果。

旧伤口

自闭症人特别难以接受批判性评价和不同意见的原因还有一个。我们中很多人已经在这一生中承受了太多的指责。对那些欺负过我们的人（教师，孩子，甚至是家庭成员），他们的评判就好像是对我们的再次攻击。从我们对他人反馈的描述中你可以发现这一点。"我受到了攻击，被打了。"因为这样的感觉就好像真的被人按在墙上打，被人逼在浴室的角落里，或在操场上被人恐吓。再一次，我们确实感到被人威胁，感到自己很愚蠢，至少是孤独和被人拒绝的。这种感觉实在是太让人难以承受了。

如果某个人真的要袭击你，你会怎么做。打或跑，对吧？逃跑、躲起来或者尽一切可能进行反击。我丈夫非常聪明——这个和蔼的男人常把量子力学当笑话来讲，但学校对他来说就是个噩梦。他在学习上遇到困难，他似乎有注意缺陷多动症（ADHD）和读写障碍，这些障碍在他孩提时代并未得到诊断。虽然他的智商很高,但是他觉得自己很笨,成绩也很糟糕。任何让他觉得自己的智商受到了质疑的批评都会让他勃然大怒。这一点都不奇怪。紧接着,古老的保护本能就显现出来。他进入战斗状态——甚至会挥舞他的拳头,把牙齿咬得咯咯作响。这时,身边的人不得不提醒他其实房间里没人说他笨,但是他只听到心中那个旧磁带在播放。因此,他很难看到批评中的价值,因为噪声在他记忆中嗡嗡作响。

编 辑

真理:没人喜欢被批评。凭心而论,给出好的反馈也一样困难。如果通过某个在乎的人良好地传达信息,如果我们能够学会"抓住枕头"(看下一规则)!,就会有美好的事情发生。我保证。

有人说,批评就好像你身上的痛楚,不令人愉悦,却有其存在的必要。他召唤我们修补身上的错误。

记得我前面讲过的编辑的过程吗?最令人惊讶的事情就是我已经学会了去相信谁,何时去倾听。我自认为是个好作家,我也相信那些整天读我的书的人想要我的书更有影响力。我相信编辑的眼光,他们也相信我的热忱。此刻,我深吸一口气,打开邮件,明白不论我读到怎样的文字,他们都会帮助我创作出比以往更好的东西。

· 14 ·

深吸一口气,当心那榔头

了解如何面对批评

14 深吸一口气，当心那榔头

必须知道的

- ◆ 批评可以将你打倒，也可以让你成长。
- ◆ 过滤来自可疑之人的批评；寻求你信任之人的批评。
- ◆ 你对批评的反应越激烈，批评就越可能是真的。
- ◆ 深吸一口气，"抓住枕头"，倾听与学习。

自闭症孩子的逻辑

"建设性批评"是个奇怪的表达，有点类似矛盾修辞法，例如"巨大的小石头"。批评不是常常指出我们的缺点吗？它看起来可不像是个能帮我们建立自信的主儿。

确实，没人喜欢被告知自己做错了。真的，很难认为批评不是针对自己的。这就是我们早前提到过的自然性防御反应。因此，我们蒙蔽了心智，变得或顽固，或疯癫，或粗鲁，或三者兼有。你知道这么做，谁会输么？只有我们自己。

请你想象一下：你看到有人拿着个榔头朝你走来。榔头是个看起来很有力量且具有威胁性的东西，所以你带上头盔或者挥舞拳头，准备好战斗了。请等一等！深吸一口气。那个榔头就像是批评。批评可以是破坏的工具，也可以是有建设性的。它可以把你打倒，也可以成为建设自身的工具。

拆除炸弹，寻找观点中的价值

假设你已经被批评了。你认为批评你的人比你更有经验或掌握更多的信息吗？你认为这个人相信你可以做得更好吗？如果答案是"否"，那这个人只是在激惹你，别让他得逞。如果你发飙，你就真的输了。

你听说过拆炸弹吗？你也可以拆除恶意批评这颗炸弹。如有人对你大吼大叫，说你的想法多么愚蠢，或者嘲笑你的妆化得多么糟糕，通过间接否认来拆除它。

可以这么做："你知道（摇摇你的头，或者微笑一下），那真是个有趣的观点。非常感谢你提出来。我肯定会给它恰当的关注的。"（这意味着我根本不会理它！）离开，或转头看向其他地方。恭喜你，你刚刚告诉了那个人的想法根本不值得你浪费时间。他的观点很荒谬，他这个人也很荒谬。自闭症孩子，你做得很棒。

当他是你信任的人时

另一方面，如果对"你是否信任这个人"这一问题，你回答"是"。那么，这个批评就可能有价值。吸一口气，"抓住枕头"，倾听。

我们用了整整一个章节来温习为何自闭症人难以接受批评。尽管我们已经知道批评可能对我们有益，但我们该如何接受它呢？在真实生活中，当听到批评的时候，你会有强烈的情绪反应，因此，这并不是一件容易的事，一点也不容易。我想说的是，每一个自闭症人，都必须融入神经典型世界。这没有选择。能否容忍和利用批评是判断我们是否成熟和健全的一个主要标准。

建议1：这不是针对你

建设性批评针对的是思想、行为或事件，而不是你。这一点非常重要，因此我再说一遍：**建设性批评不是针对你**。这可能是关于你的想法、你的计划、你的表现、你的决定——但这并不是对你的审判，对你有多聪明、多有价值的审判。别错将批评当成对你所做、你是怎样的人的评估。

建议2：当你听到批评时，你越防御，批评就越可能是真的，至少部分是真的。

难道你不这么想吗？好吧，让我们来做个实验吧。我向你走来，对你说："你真是个糟老头。"很明显，这听起来很荒谬，这简直是胡说八道，你不会因此生气。

那如果我说点其他的呢？比如"你是个怪胎"，这可不礼貌，我们知道我们是什么样的人。自闭症人跟大部分人有些不同，我们并不典型。因此这个评价中有那么一点点是真的。你会感到有些不舒服，甚至有些防御。"你是什么意思？"你可能会这么说，"你能不能别叫我怪胎。"

现在我们来做个极端实验。如果我说："你是个自以为是的怪胎，你认为你比别人都好，没人想跟你交朋友。"这话会让任何人都感到生气，但是我们自闭症人会最为愤怒，因为这戳中了我们最敏感的点。我们确实害怕没人跟我们交朋友。但有时候，这是真的。

为什么我要告诉你这些？因为我认为上面的话是别人对你、对其他自闭症孩子说的最糟糕的话。也曾有人这么对我说过。那时，我哭得很伤心——因为我认为他们说的是对的。是的，至少有部分是对的。

对我们自闭症人来说那是个危险。我们"打破"了这些隐藏的规则，最后还千方百计地声称自己不是故意的。我没有意识到，很多时候，我确实像个自以为是的怪胎。正因如此，很多人拒绝和我交朋友。他们那样做不是因为他们坏——但我也没有让事情好起来。

回想某个批评真正戳到你的时刻。诚实一点，他们说得对吗？有一点对是吗？可能这就是为何你觉得烦恼的原因了。

建议3：别等到"怀恨者"变得严厉而冷酷，主动从你的朋友还有你信任的人那里寻求批评。

如果你敢于倾听，你可能会发现自己能做一些事情让生活变得更美好。

怎么做？即使是你信任之人的批评也可能令你难以下咽。但要咽下也并非不可能。以下几点可以帮助你很好地利用他们给你的建议。

1. **等到你的身体冷静下来**。当你听到一些难以接受的信息时，你的身体会做出反应。你可能会感到难以呼吸或者胃下垂得厉害。你也可能满脸通红或者面红耳赤。你还可能全身紧张。当发生这些反应的时候，你听不清也想不清。慢慢来，深吸一口气。迫不得已的话，可以想象这些话不是对你说的。最重要的一点是，在身体冷静下来之前，什么也别说，什么也别写。

2. **闭上嘴巴，打开大脑**。记住：你不可能在想着接下来说什么的同时又把别人的批评听得一清二楚。别急着为自己争辩或反击。倾听。

3. **自信！这不是针对你的**。相信自己以及自己的才能。提醒自己，批评不是人身攻击。别人提出来是为了让你变得更好。别浪费时间或精力去反击——倾听批评中的真实。

4. **当一面镜子**。采用反映式倾听技巧。重述你听到的批评。确保你清晰地接受了信息。"因为（批评），所以你对（你的行为／表现／想法）感到／认为（感情／想法）"。例如：因为这没有足够的证据，所以你对我的报告感到担忧。

5. **提问**："我能做些什么改变呢？你有什么建议吗？你认为我怎样处理比较合适。你知道（任何缺失的事实）吗？"确保你确实得到了能够促进你进步的指导。当批评者只给出了大致的抱怨而没有加上细节的时候，这一点就显得特别重要。提问会帮助你得到最好的建议，并让批评尽可能地客观。

6. **说句谢谢你**。一旦你确定自己理解了批评和给出的解决方法，感谢那个提出来并给你建议的人。让这个批评真正成为一次让你变得更好的机会。

14 深吸一口气，当心那榔头

　　我们自闭症人非常善于记忆每一个细节以及理解为何我们认为自己是正确的。汉斯·艾斯伯格（Hans Asperger）曾说自闭症孩子的父母永远不要与他们的孩子争辩，因为我们会无休止地捍卫我们的观点，但是这并不等于我们总是对的，或者我们是最好的。这可能是因为我们没有从另一个角度思考问题。发现这一问题的最好方法就是让别人来告诉我们。当你看到别人手中拿着榔头时，记得去确认一下：他是真的要来打你吗？或者他只是提供一个能让你变得更好的工具？

· 15 ·

说三明治语,并提出建议

了解如何给予好的反馈

必须知道的

- ◆ 尽可能避免批评别人。
- ◆ 即使这种批评是出于善意、真实和必要,你最好还是把它们包装起来。
- ◆ 保持积极和明确,并提出解决之道。
- ◆ 批评要对事不对人。
- ◆ 将所有的事情都包裹在真诚的赞扬之中。

自闭症孩子的逻辑

你已经知道了一条最明确的"隐藏"规则:当人们被告知他们错了时,他们不会给予良好的回应。那是因为批评常常是具有伤害性的,或者它常常是针对人而非想法、行为或产品的。但是,真实的世界并不完美。我们做不到对每个遇见的人都说:"你全都对!"那样显得特别假。

例如:你正在装修房间,你妈妈拿着一堆她认为你会喜欢的颜料样品进来。她在搜集这些颜料样品时花了很多心血,但是你认为这些颜色都太丑了。这时,你总不能微笑着看着你的房间被涂成鸭屎绿吧?又或者,你的朋友请你帮她检查一下她的历史论文是否写得好,如果她真的在寻求你的帮助,你就应该给出真实的反馈。

以下是两条真理:

神经典型世界真理1:很多人明明不想听真诚的意见却仍然说想要。

神经典型世界真理2：很多人会临阵退缩，并且拒绝给出真实的想法。

你看过选秀节目吗？这些节目中总有一些竞争者吹嘘他们是超级明星的料，尽管他们连唱歌都找不到调。为什么呢？因为从没有人告诉他们真相。没有人有那个正义感——或者勇气——用一种尊重的、友善的方式去给予他们真实的反馈。很多家伙宁愿说谎或者什么也不说。因此，这些可怜的参赛者最后在电视或电台上表现得像个傻子。那并不公平。

什么时候才能给别人真实但批评性的反馈呢？

- 为了帮助别人达到目标或者提高他的表现水平时
- 为了鼓励改变（如：学校规则，最喜欢的博客，餐厅的点餐单）
- 为了开启或者深入一段对话（书评，影评，或者理论评价）

当批评是为了如下目的时，可不是件好事：

- 为了侮辱别人
- 通过贬低别人来抬高自己
- 为了发泄你积蓄的抱怨

没人能够逃脱必须——必须——给予别人批评性反馈的时刻。这一点也很难做好，但请你放轻松，很多神经典型人也难以优雅地给出批评。所以，请耐心一点，不论是对自己还是对别人。

在我大学毕业进入工作岗位的第一天，我的老板坐在我对面，对我说："我并不介意你抱怨，但是别在没想到好的建议时就抱怨不停。"不论你把批评包装得多么好看，在没有想好建议之前，千万别说出去。建议必须有用，有帮助——是提高和改变的一条有效路径。

请保持积极。尽量不要说"你不应该"这样的话。这就是为何你需要避开不要、不能等词汇。相反，你得学会使用积极词汇——能、要、好、强等。因此，你应该说："如果……会更好！"，"你甚至能……"或者"有件事能够让这变得更好……"

我们已经讲过真诚赞美的力量。但是，如果我们不断在赞美之后加上判断与纠错，人们就会不信任我们。他们不再享受我们的赞美，反而等着随后到来的丧气话。比如说，你现在听到了下面这段话：

"宝贝，你在数学考试上表现得非常不错。但是我希望你下一次在英语考试中也能表现得这么好。"那是表扬吗？哎哟，天啊，那不是呀，那听起来甚至还让人感到有些难过呢！

一个以"但是"结尾、以打倒你为目的的赞美，能有多真诚？我们应该换一个连接词，用"而且"而不是"但是"。"而且"这个连接词更棒，听起来不刺耳，不暗示随后到来的更大麻烦。对所说的再加一些赞美，同时注意语调的变化：

"你在这次数学考试中表现得确实很棒，可见你是个非常聪明也非常用功的孩子。我敢肯定你所有科目的成绩都会提高。你的努力会有回报的！"

最后，你的建议还应清晰明确。确保你聚焦在行为上而不是在那个人身上。这可以避免倾听者误将批评当成针对他的指责，那样他就可以专心于自我提高。你可以这样对他说："你开头第一段的语言非常有力，我希望在你余下的文章中也能看到这样的语言。"或者"你昨天穿那条绿色的裙子非常漂亮。你真该多穿穿那样明亮的颜色！"

自闭症人要特别注意"心理过滤"，决定告诉别人多少真相，以及接收端听起来感觉如何。在你说话之前，有个著名的问题你要问问自己："这是真的吗？是善意的吗？是必要的吗？"如果你通过了这三个提问，那就可以继续前进了。如果你不得不说一些不中听的话，那么请用三明治语讲。

用三明治语说话

每年圣诞季我们家都要玩这样一个游戏。每个人都要从一堆神秘的礼物中偷一些或者跟人交换一些礼物。大人小孩都一样——每个人都要行动起来。尽管每年的游戏方法都没什么变化，但我们家游戏的主持人——

妈妈——老想成功地让某个人大失所望。不用猜，那个包装得最可爱、最闪亮的、甚至还系着红丝带的礼物里面肯定是一筒厕纸，或者一包纸巾，这本该是最让人失望的，对吧？特别是当费尽心思偷礼物之后却发现上当时。但奇怪的是，虽然其他游戏者拿到了精美的小玩意，那个拿到厕纸的人却总是带着最灿烂的笑容——因为精美的包装本身就是一个大奖励。

包装就是一切。因此，你要记住的第一件事就是：当你给出批评的时候，你要以积极评价作为开场和结尾。你得像三明治一样把批评夹起来。如果你一开头就说一些好听的，听者不会觉得受到了攻击。"用表扬开头就好像牙医在看牙之前给人打了一剂麻药。病人尽管还是要拔牙，但是不会感到疼了"（Carnegie，1936）。用真诚、善意的言辞作为开头，在说出你想说的话之前，你的听众不会防御，不会捂上耳朵。

同样的道理，你说的最后一句话应该是赞美性质的。这就好像给你的听众封存经验，你在整个对话中加了一个"一切都好"的记忆邮票。

这两个表扬是你做三明治时用到的两片面包。在这两片面包中间就是你想说的批评，并且要尽可能在私下说。

顺便说一句，你可能已经意识到了这本书里充斥着我犯过的错误（我犯的错不计其数）。然而，我也常凑巧做对了很多事情。那我为什么大费周章地把我所犯的错误都告诉你呢？因为指出我所犯过的错，你会更容易面对自己的错误，不会感到尴尬——你会笑着和我一起学习，并且也不会因为你自己还有待提高而感到孤单。在给出批评的时候也用那个策略：**在批评别人之前分享你犯过的错误**。虚心使人进步，骄傲使人落后。

这个公式专门为你提供。是的，你最好还是避免批评别人。当你必须给出公正和真诚的反馈时，最好把这些批评包装起来：

面包（真诚的表扬）＋批评＋面包（真诚的表扬／鼓励）

15 说三明治语，并提出建议

请确保批评是：
- 私下给予的
- 夹在真诚的赞美中间的
- 以你犯的错误作为开头
- 用积极的方式说
- 聚焦在事情或行为上，而不是个体身上
- 是必要的

当你发现自己必须给出消极反馈时，尽可能做到真诚和有用。用上三明治公式。希望下面两个例子会对你有所帮助：

"妈妈，你给我挑的颜料颜色真好看，如果你能再给我挑选几个其他的颜色就更好了。谢谢你，你真给我帮了一个大忙。"

"威廉，你的开头一段非常有说服力。如果你第二页上的信息也能表达得那么清晰，那么你的文章就会更有力。"

尽可能避免批评别人，如果你不得不这么做，那么请"用三明治语讲"并给出明确的建议。最重要的不是你说了什么，而是你怎么说。

摘录的话

思考你想说的每一句话，但别把你想的都说出来

拖你后腿的不是你认为你是谁，而是你认为你不是谁。

每个人都有不同的优点。我们这样假设。否则这就像每个人都把面粉倒进碗里，期望得到曲奇饼干。但总得有人去做巧克力棒吧！

勇敢就是感到害怕却还不退缩。

· 16 ·

未经过滤

善意的谎言和信任

必须知道的

- 神经典型人常常言不由衷，特别是当他们寻求"真诚"的想法时。
- 神经典型人认为说谎是不对的，但当为了让人感觉好受一些或留下好印象时，说谎是可以的。
- 神经典型人常常说"善意的谎言"——这对我们自闭症人来说真是太难理解了，因为我们常根据表面的意思去判断。
- 只相信那些你信得过的人，否则你会被人利用。

自闭症孩子的逻辑

当谈到人的时候，人们的反应大概会有三类：一类人什么也不听，就好像电影《小鹿班比》里面的小兔子。"如果你说不出什么好话，那就什么也别说。"真是个机灵鬼啊！第二类人则喜欢听坏话。就像《钢木兰花》这个剧中我最喜欢的角色说的："如果你说不出什么好话来，那就坐下来和我说吧！"这些人是危险人物。他们在派对上会很有趣，但是他们也绝不会帮我们保守秘密。

接下来就是我们——自闭症人。我们说的关于他人的话或者对他们说的一些话总会引起麻烦，尽管我们本意并非如此。"我刚才说了什么？我只是实话实说。"

又是那个烦人的他人观点。心理学家管那叫做"心理理论"，但我们自闭症人应该管那叫做盲点才对。原因不是显而易见吗？弄清他人的想法或者感受是那么困难。让生活雪上加霜的是，神经典型人还常常言不由衷。

比如说：某个人寻求你最真诚的意见，但她内心并不想这样做。特别当你的意见是负面的时候。或者，有人说想看看你所有的收藏品，但是他说的"所有"跟你听到的"所有"不同。又或者某人问你工作进行得如何，很可能她想听到的仅仅是一句"很好，谢谢关心"。

要点和善意的谎言

我曾听说自闭症人缺乏"心理过滤"——在他们开口伤人之前对自己的想法进行过滤的能力。尽管我并不认为这是一个问题。如果你非要我把话噎住，或者用"三明治语"说，我也能做到（见鬼，我不是已经花了整整一两个规则去解释怎么做了吗？）。我们都能做到！这不过是一个隐藏的规则而已。

听着，自闭症人喜欢依据表面意思去理解事情。你看到什么便是什么。我们身上的这个特点也是我最喜欢的。我们说什么就是什么，我们有什么就说什么。从最本性上来说，我们将真相视为最高真理。而且（这一点是错误的）我们以为别人也是这样的。因此，我们以自己的方式给出信息——真诚且毫无保留，但是神经典型世界中的人最喜欢要点和善意的谎言。

"小小的"善意谎言，小错误，小插曲。这些小过失旨在保护我们或者他人不受挑衅或伤害。朋友发信息告诉你她正在来的路上，但她可能当时还在家里换衣服。这并不是什么了不起的大事。小小的夸张，微微地扭曲一下故事情节，这些都是神经典型世界给不可爱之事——说谎——起的"可爱"的绰号。

然而，对于很多自闭症人来说，规则就是规则，说谎就是说谎。我们都知道：说谎是不对的。因此，善意的谎言也是不对的。我意识到这又是那个"非黑即白"的逻辑在作怪。但是，你猜怎么着？我是个自闭症人。我就是那样。因此，我并不是要告诉你撒善意的谎言就是对的。我并不赞同这样的做法。但是，绝大多数神经典型人认为这样做是可以的。一条神经典型世界普遍隐藏的规则是：说谎是不对的，除非是为了让人感觉好一些，或留下好印象。这就意味着你得接受善意的谎言是你日常对话的一大部分——比你担心听到的厚颜无耻的谎话要多得多。我们对此真的感到很困惑。我们只说真话，也期待听到真话。所以，我们已经被人大大地占去了便宜。

读初中的时候（那是我被欺负得最惨的几年），我参加过一个通宵派对。派对上，我们班一个非常受欢迎的男孩接到了一个电话，他还跟几个女孩讲了一会儿话。随后，他们把电话给了我。电话那头是男孩的"表弟"，至少他们是这么告诉我的。这个"表弟"说他已经看过我的照片，想要和我谈恋爱。我上当了，所有派对上的人都在笑话我（我当时是那么紧张与兴奋）——他第二周甚至还打电话给我。不过，很快我就发现他根本不是什么表弟，那不过是派对上的那些男生和女生设计的大陷阱，他们只是想让我难堪而已。确实，他们成功了，我真是万万没想到他们竟然都在撒谎。

神经典型世界中的人们撒谎要比我们撒谎容易得多。
他们为什么这么做？
- 为了避免冲突
- 为了把问题最小化（特别是当他们负有责任时）
- 为了夸张或者显得重要
- 为了获取力量

为了避免你们重蹈我的覆辙，我能提供的最好意见就是：
熟人并不是朋友，他们还不值得你信任。
信任只能通过时间或权威来获得。

熟人不是朋友

你认识的人中很多都可以称作熟人。我们说的是你认识的人——可能是你经常见到的人。但这些人你并不知根知底，可能只是朋友的朋友。熟人不是朋友，尽管可能在未来成为朋友。现在，你们只是在学校或者某个活动上见过面，而你们的关系也仅此而已——你们并不会一起相约共度空闲时间。因为你对他并不知根知底，所以你不能信任他。他可能会对你说谎，可能会疏远你，或者泄露你的秘密。

信任是赚来的

只信任那些经得起时间考验的人，或者是权威认证的人（父母，教师，警察）。

根据目前所说的，你应该已经受到警告了。接下来，我们将走进"太过真实"的流沙。真的有"诚实过头"的事情吗？我不这么认为——如果你也这么想，请接着往下看。

· 17 ·

技巧和三重滤网

多诚实是太诚实？

必须知道的

- 知道何时、如何以及是否应该表达自己的想法便是技巧。
- 诚实不等于要将头脑中的每一句话都说出来。
- 在开口之前先问问自己:这是真的吗?是善意的吗?是有用的、必须的吗?

自闭症孩子的逻辑

首先,这仅代表我的个人观点。并不是所有人都跟我想的一样。我不相信谎言——不论是大谎言还是小谎言,任何谎言我都不相信。我想让人们知道,不论我说什么,都是真实可信的。然而,如何告知别人事实会在效果上产生巨大的差异。现在我们来谈一下"技巧",它至少跟诚实一样重要。简单来说:**技巧意味着你以一种不会伤害他人情感的方式诚实着。它意味着你知道何时、如何以及是否应该表达自己的想法。**

试想一下:如果你遇到一个人,你立马把你对他的全部想法与观点都告诉他,这会发生什么呢?那人会觉得自己不被欣赏,不具有吸引力,身材肥胖,头脑愚笨,不受重视和不被喜爱。如果人们听到了我们脑袋中的的所有想法,他们可能会不再尊重我们,关系也随之破坏。换句话说,**不是只有把每一个想法都大声说出来才算是诚实**。

当我还是个孩子的时候,我奶奶带我去纽约乘坐地铁。我们在地铁上看到了一群"朋克"青年。纹身,刺毛头,奇装异服,总之所有打扮都非常怪异。我盯着他们看,嘴巴张得老大。"看!"指着他们,我尖叫着说。我奶奶担心我会冒犯到他们,闪电般地让我别大惊小怪——我那样做会惹怒别人。事实上，我认为他们蛮酷的。但奶奶的意思是"盯着看"以及"用手指点"这两个行为本身就是粗鲁的。她是对的。关注他人的不同之处会让他们觉得自己受到了审判，仿佛他们是"奇怪的"或"比我们差的"。这两种感觉都不怎么好受。

我敢肯定，我那时只是个孩子，所以童言无忌。但是并没有人询问我关于20世纪80年代城市朋克风潮的看法。因此，这不是一个关乎"真诚"的问题，而是一个关乎"技巧"的问题。

进入"苏格拉底三重滤网"测试。有这样一个众所周知的故事：在古希腊时期，某个下午，一位熟人来拜访苏格拉底。他急切地想要分享一些新鲜的八卦新闻。他问苏格拉底是否愿意听他们一位共同的朋友的一些八卦。苏格拉底在他开口之前对他说，需要先进行"三重滤网"测试。

苏格拉底解释道：第一层滤网是真实。"你真的确定你所要说的是千真万确的吗？"那人摇摇头说："不是，我仅仅只是听说而已，而且……"

苏格拉底再次打断他说："你既然不确定那是真的，那你要说的是善意的？"那人又摇了摇头，"不是，事实上，正好相反。你看……"

苏格拉底抬起手让他别再说了，"所以你不确定你说的是不是真的，你说的既不是好事也非善意。现在还剩下最后一层滤网，你得测试一下。这个信息对我而言是有用的，或者必须的？"那人有些挫败，垂头丧气地说："不，不，一点用也没有。"

"那么，好吧，"苏格拉底转身就要离开，并说道："如果你要说的不是真的，既非好事也非善意，既没有用也没有必要，那么，请什么也别说。"

在你回答问题或发表意见之前，问问你自己：这是真的吗？这是善意的吗？这是有用的、必要的吗？如果你通过了这三层滤网，那么请说出来。如果没有，要不技巧性地表达出来，要不就什么也别说。

让诚实变得有技巧

很多神经典型人认为"事实真相"会比简单的"善意谎言"引来更多

17 技巧和三重滤网

的麻烦。他们错将不诚实当成技巧。他们仿佛能决定对被骗的人来说什么是最好的——对我而言，这听起来非常自大。当有人问了你一个直接的问题，贸然说出真相会伤害他们，或使他们感到难堪。此时你应该有技巧地做到真实。

在你说话之前，先把自己当成听者。将批评聚焦在产品或者想法上，而不是人上。比如，你觉得以下哪种回应最合适？

情境	诚实但不明智	诚实且有技巧
你的朋友买了一条新的牛仔裤，她问你："这是不是太紧了？"	"是的，这裤子好难看啊！"	"就我个人而言，我一般会选择紧身牛仔裤——但每个设计者的设计风格都不太一样。"
你朋友的乐队刚刚解散，他来询问你的看法。	"你听起来很痛苦嘛！"	"我看得出你放了很多心血在里面。"
你奶奶家的晚饭很简单，她想知道你是不是喜欢。	"奶奶，这饭也太难吃了。"	"我可以尝得出饭菜里面的爱意。谢谢你这么辛苦为我们准备这些。"

想，但别说

有时候，技巧跟诚实一点关系都没有，你要做的就是把嘴巴闭上。在一些地方，你要特别注意自己的言辞，甚至做到什么也不说：

- **钱或者物质产品（房子，车等）**——一个人（或者某个家庭）不论他赚多赚少跟其他人一点关系也没有，也不应该有关系。所以别问，也别关注。
- **宗教或政治**——每个人对正确都有自己的看法，人们对于自己的信念有强烈的感受。甚至在你不认同他人的观点时，也要对他们的观点表示尊重。如果你想要学习更多，可以提问。别管这个观点叫做正确，那个观点叫做错误。
- **障碍，残疾或智障**——这些都没有关系。所以，不要指出来。

- **外貌**——不要对他人的体型、体重、肤色、身高等进行评价。别人长得如何跟你没有关系，因此，不要随便对这些提及或评论。
- **"在关闭的门后"**——发生在关闭的门后（浴室／卧室／医生办公室等）的任何事情。谈论身体功能或者亲密的男女关系并不是一件有趣或者炫酷的事情。
- **"背地里"**——当别人不在场的时候说关于他的话，这样不仅不好，还有点奇怪。让关于那人的想法只停留在你俩之间，或者只停留在你心中。

额外的笔记：自闭症人是糟糕的说谎者。听我一句。**不要为了耍酷而撒谎说你做了一些你已经做过的事情。那一点也不酷**。而且我敢保证：你也撒不了谎。

诚实并不等于粗鄙。真实并不等于告知一切。因此，要当心。温柔地说出你的想法。如果你现在做不到这个，那么你以后甚至连讲话的机会都没有。

· 18 ·

真的?

他们到底是什么意思?

必须知道的

- 自闭症人常按字面意思理解他人的话——但神经典型人并不这样表达。他们说的和他们想说的常常不是一回事。
- 有困惑并不要紧，我们并不是天生就理解神经典型人所使用的语言。
- 为自己建立一个由值得信任的、富有耐心的神经典型人组成的"智囊团"。当你对社交情景觉得困惑时可以找他们商量。

自闭症孩子的逻辑

当写这一章时，我无意间想到了大学时期的一个朋友。毕业之后，她去了驻外办事处工作，去的是越南。她是一个地道的美国中西部女孩。我认为去越南工作已经大大超出了她的文化舒适区。

不管怎么说，写这一章的时候，我想起了那位女性朋友所做的职前准备。驻外办事处工作人员的主要职责是协助驻外大使，他们主要负责研究主使国家的文化习惯。十年过去了，这些材料不仅可以通过纸质材料进行查找，还可以在网络上轻松搜索。由于很好奇那些来我们国家的人到底得到了哪些建议，我迫不及待地上了网。你猜怎么着？哎哟，这真是我们自闭症人挖到的一大桶金。从个人空间到手势含义的一切文化常识都能查得到。只要在网上搜一下，你就能找到如何在这个生活已久的国家生活的方方面面——并且这些资料已经翻译成了那些"外地人"（不说本地文化语言的人，比如，我们）所能理解的语言。

我发现大部分旅行指导的主要内容是"俗语"或"方言"，也就是常用的本地短语。这真是个需要学习的重要隐形规则，因为自闭症人和神经典型人对语言的理解不同。

从我们所知道的开始说起吧！自闭症人按照字面意思理解语言，而神经典型人不是。这也是为什么我们对成语感到特别困惑（世界之巅并不是指北极，等等），为什么我们总是弄混人称代词，为什么我们在只需要说句"你好"的时候长篇大论。下面让我来当一回"大使"，欢迎你们来到这里。

神经典型人所说和所指不同的情境

你好，再见和其他

- **"你好吗？"，"最近好吗？"，"事情进展得顺利吗？"以及"你做得怎么样了？"** 只是礼貌的问候语，并不是真的问题。除了医生提这样的问题时需要真实作答之外，其余的时候你只要说句"挺好，谢谢你！"，"不错，"或者"很好！"，再加一句"你最近如何"就可以了。

- **"等会见"和"很快会再见的"** 也是礼貌用语，就算别人从未想过（或者想要）和你再见面时也会这么说。微笑着说句"回见"作为回应就好。

- **"我们真该再聚聚"或"保持联系"** 也是类似的友好用语。棘手的问题：在这个情况下他们可能真的希望和你聚聚，或者想和我们保持联系。所以，如果他定下了具体的时间和地点或者要求交换电子邮件地址或电话号码，那真是太好了，他们是真的想和我们保持联系。如果没有，那么就只是客套一下。如果你真的想和他们保持联系，那么你也可以主动询问他们的联系方式。

- **"把一切都告诉我吧！"** 并不是要你把有关这个主题的所有内容都告诉他。总结一下你想表达的中心思想是什么？比如，你的朋友要你告诉他你在学校里学的某门课。"我们正在学欧洲国家"，这样回答就足够了。如果他想知道更多，他会问的。
- **如果你喜欢古希腊神话，如果有人说他想要听关于这个主题的一切，其实他们只是想听几个小故事、一些有趣的小事件，或者你为什么对这个感兴趣**。这是另一类"客套话"。也就是说，礼貌用语和它的字面意思不同。我们自闭症人有自己的特殊兴趣，但其他人未必如此。把你的"所有一切"的答案总结得简短些——大约四五句话就可以。你在最后可以加上一句"如果你想知道更多，随意问吧"。

解决语言困惑

"言不由衷"的表达有很多种，每一种均由你所生活的国家或地区、谈话人的年龄等决定。以下两个策略比列出表达的各种可能含义有用得多。

策略1：意识到你自己以及你自己的想法

我们自闭症人很容易误解他人的意思。在观察肢体语言、听懂讽刺、听懂语调以及对抗其他感官的干扰之余，我们究竟对这个世界的语言听懂了多少呢？让我们面对现实吧，我们常错过一些事情，一些提到但未言明的事情。

我们可能错过了一些信息，但至少我们还有自我意识。我们知道我们是谁，我们该如何思考。当你感到困惑的时候，这个意识可以给你安慰、给你力量。提醒你自己，你并不糊涂，因为这世界本就混沌和恐怖，因为你被捂上了耳朵，被蒙蔽了眼睛。你感到困惑，因为我们与生俱来的某个特性挡了我们的道。

我们是自闭症人。我们在理解非字面语言上有困难（人们明明说的是这件事，指的却是另一件事）。你必须警觉这一事实，如果你感到困惑，这可能是因为你对非字面语言不理解。不同大脑的工作方式不同，了解你大脑的工作方式，你就已经赢了一半了。**意识到我们遇到了挑战只会更好地提醒我们要更加努力地寻找错过的联结和信息。**

策略2：建立一个智囊团

每一个自闭症人都需要一小群（最多4个）值得信任的神经典型人的帮助。他们可以是老师、家长、治疗师、同伴、兄弟姐妹。事实上，你了解的不同观点越多，未来发展得就越好。

比如，我的一些女性朋友就是我可以求助的人。在我眼中她们就是我的智囊团。她们每一个都有特定的知识，她们每一个都有自己的思维方式。一个女孩特别风趣且具创造力；另一个则非常耐心；还有一个擅长分析，总是能提出一些让我获益匪浅的问题；最后一个则内心强大，温暖而冷静。自从我了解了自己的"自闭症盲点"之后，向她们询问一些我天生就不懂的事情变得容易了很多。例如，当我收到一封含有难以理解的社交情境的电子邮件时，我就会向她们求助。

顺便说一句，没必要为求助感到羞愧。每个人都会遇到点麻烦。我智囊团中的一员恰巧有些听力障碍，她常让我帮她打电话，因为她没办法自己打。这不是她的错，只是她的生理条件限制了她，她无法听见电话那一端传来的声音——我听得见，所以我能帮助她。而我无法理解非字面的语言——她能，所以她能帮助我。这两者没有差别。

想一想你认识且信任的那些伙伴。选择耐心的、思想开放且愿意了解自闭症的那些人。遇到麻烦时，向她们求助。建立自己的智囊团，当你不确定的时候，问问她们。一旦你能向别人传达你的想法，你就会感到自信和有力。

谁知道呢，说不定某天你还会教你的团队成员说一些"自闭症语"呢。

· 19 ·

我需要的是雨伞还是方舟?

分清高山和小土丘

必须知道的

- 自闭症人非黑即白的极端思维常使得我们把困难放大。
- 在1秒之内,我们的担心等级可以从1上升到100,但这对谁都没有好处,特别是我们自己。
- 别慌张,深呼吸,回顾一下"灾难发生链"的每一步,并问问自己"灾难有没有可能不发生"。
- 想象事情变好了,让自己充满正能量。

自闭症孩子的逻辑

几年前的一天,我先接女儿放学,然后送她去上体操课。这之前一周,孩子开始学后软翻——这只需要把身子靠在缓冲垫上向后倾,直到双手触碰到地面。这时老师会过来帮他们一把,轻踢她们的脚,这样孩子们就会发现自己竟然翻身站起来了。

那时,她已经学了一周了,只是去练习这个动作。尽管她并没有告诉我她内心非常沮丧,但是我一眼就看出来这个自闭症女孩正处在惊恐之中。她正在偷偷哭泣,呼吸急促,脸色涨红,意识混乱。尽管还没穿上练体操的紧身衣,甚至还只在去体育馆的路上,她已经处于崩溃的边缘——因为课程最后十分钟可能需要练习后软翻。

尽管只是有可能需要倒立,如果她不愿意也没人会强迫她做,但尽管这样,她也已经完全崩溃了。这种惊恐就叫做"灾难性思维"——这就好比在妹妹爆爆米花的时候,你叫来了消防队来灭火。

想象一下:我叫你站起来,告诉你,我想请你帮我做件事(去趟糖果店——但是你还不知道要做的事就是这个）。突然，你飞快地跑走了。在我告诉你我需要你做什么、去哪儿、要带些什么之前，你已经确定自己惹上麻烦了。你冲出门外，沿街狂跑，奔过转角，跑上山坡。你在弄清真实情况之前，就自认为要发生"大灾难"了。这就是灾难性思维。

我自己也曾这样。在高中的某个秋天的下午，因为我参加的校网球队要在很远的地方举行比赛，我不得不在最后一节管弦乐课上早退。教练已经允许我们提早离开以确保能准时到达比赛场地。我不知道那天我的音乐老师是不清楚这个特殊情况，还是她那天就是吃了炸药，她竟因此对我发了好大一顿火。

她当着全班同学的面对我大喊大叫，甚至还给校长写了一封信，说我故意违背教师指令。说实话，当校长看到那封信的时候，她哑然失笑了——她根本就不相信我会是大胆粗鲁的孩子。

但我们还是得正儿八经地走完处理流程。尽管我最后完全得到了谅解——但是在这个过程中，我真觉得自己的整个人生都要被毁了。那时，我已经被一所知名大学录取，而且还很有希望得到研究生阶段的奖学金。在我眼中，这个小小的错误足以抵消我过去17年的成果。学校会发现这个事情，并因此拒绝录取我。我将永远找不到理想的或有意义的工作。我只能成为一个令人厌烦的废物，孤独一生。我的生活——我确定——要完蛋了！

事情并非如此，一切安好，惹上麻烦的只有那个老师，但是我却一直担心会发生最坏的事情。只是下了一点小雨，我却准备了一艘方舟。

那就是灾难性思维。基本来说，那意味着担心等级在一瞬间从1飙升到100码。不论你的逻辑看起来多么荒谬或可笑，你的大脑乘着巨大悲剧或彻底失败这辆座驾，绝尘而去。因为途中的一点点颠簸，我们想象陷在了最糟糕的泥潭中。这种偏执的想法，让你在深夜中久久不能入眠，从一个"万一"担忧到另一个"万一"。

神经典型人管这个叫做"反应过度"。我不知道你怎么看，我觉得这挺令人烦恼。如果某个人发疯了或者很害怕，我们应该尊重那种感受。正如 Seuss 博士（1954）所说："人不论多么渺小，始终还是人。"自闭症人也是如此。因此，我不管别人如何看待你"戏剧性的"感受——我认为你不应该被取笑、被排挤。

此外，这不是"反应过度"，这是自闭症反应。为什么？我的观点是，我们"非此即彼"的思维方式和"我的方法是唯一正确的"想法必然会让我们做出一些令人后悔的事情。因为我们没法看见其他（更好的）的结果。

就拿我来说，从"老师写了一份告状信"到"我还没报到就被拒收，我将永远蒙羞"的想法是完全不符合逻辑的思路。但是，如果你分解这个思维过程，它也不是完全不合逻辑。

（1）老师给校长写了一封告状信→（2）在成绩单上可能会加上校长的消极评语→（3）这份成绩单寄到大学去了→（4）录取资格被取消了→（5）我得向学校和家里的每一个人解释我为什么现在被拒了→（6）我就是个人人唾弃的废物，永远都受到别人嘲笑。

阻止这个疯狂思路一步一步走下去的秘诀在于我们需要意识到我们的逻辑不一定都是正确的，不一定都是有道理的。要常常问一问："为什么这有可能不发生？"

再用我的事例来测验一下这个理论吧：

1. 老师的告状信：确实发生了。荒谬的是，这是个真实事件，所以我们无法反驳。

2. 惩罚行为：这里真正发生的事情没跟上我想象的步伐。让我们假装还不知道。因此，除了我害怕被惩罚的感觉之外……"为什么这有可能不发生？"校长可能会认真听所有的事实，并将听到的事情与老师所写的进行比对，这样她就会发现老师对我的评判是不公平的。校长不予采纳。

3. 最终的成绩单："为什么这有可能不发生？"如果校长不采纳告状信，那么它也就不会纪录在我最终的成绩单上。即使写上去了，它也跟其他优秀的纪录格格不入，会显得很奇怪——很可能不那么可信与重要。

4. 取消录取资格：**"为什么这有可能不发生？"**大学已经发来了录取函，我也已经收到了。取消录取资格可比消除这个误会要费力得多。

说到这里，这个灾难思维链也就断裂了，因为我已经向自己证明了上述结果是不可能发生的。更厉害的是，我已经撇开了自己的情绪，核对了事实。这给我们机会采取行动、改正错误或防止更糟糕的结果发生。

那就是我做的，我在见校长之前，找到了我的网球教练，请他帮我写一封解释信，他早已帮我请好假，我只是按照他的指令去做而已。如果音乐老师对请假条有什么误解，网球教练说那是她的过失，而不是我的。我将这封解释信带去了见面会，在耐心倾听了音乐老师的观点之后（没有打断她），我拿出了解释信，并说出了我的观点。我还向音乐老师道歉，如果，我有任何不礼貌的地方，请多包涵（通过对她表示尊重，我让音乐老师对我发火这事感到好受一些）。

生活中总会下雨。这句话千真万确。出了错的时候，你会感觉落到你脸上的全是冰雨，你感到瑟瑟发抖。但是，请相信我，不是下雨就意味着要刮台风。评估一下你想象的"灾难发生链"，看看它是不是合逻辑，想一想你能不能把事情变好。可能你最后会发现你需要的只是一把雨伞，而不是一艘救生船。

· 20 ·

脾气，脾气

明天会有更多的苹果汁

必须知道的

- ◆ 冲突发生都有一个过程。在崩溃之前你就应作出反应。
- ◆ 神经典型人并不知道我们崩溃是因为承受不住了。
- ◆ 我们必须在冷静时沟通和解决问题。如果只大喊大叫，没人会理我们的。
- ◆ 在崩溃之前，身体会发出讯号。这时，我们要引起注意，并作出主动回应。
- ◆ 当预测感觉过载时，应采用应对技巧进行放松，重新引导自身能量。
- ◆ 明天是崭新的一天。

自闭症孩子的逻辑

很早之前，当我还在警察署任职，做家庭暴力咨询员的时候，一份陌生的报告放在了我的桌子上。和其他的报告一样，这份报告来自一位处理肢体冲突的职员。这份报告的特别之处在于职员的评论，他用马克笔写道："什么？？"他用箭头指向了以下的句子，"这份诉讼始于一个西红柿引发的争吵。"

真的有这种事情吗？我能明白为什么职员感到如此沮丧。他进警局，穿好警服出警，本打算维护一方安宁，结果却跑去调解因西红柿而引起的争吵。真是对生命和纳税人钱的巨大浪费啊！我敢肯定，他当时就是这么想的。如果争吵真的只是因为一个西红柿，他真有权利感到义愤填膺。关键是，即使是吹毛求疵也不会因为一个蔬菜（或者水果）而大打出手。

在他们大打出手之前，这对夫妻就存在沟通问题——谁应该在何时花谁的钱买什么，谁应该来做家务，对双方的合理的期望是什么。西红柿不是问题，那个小小的、红红的西红柿仅仅是他俩之间更大的问题的导火索。

骆驼和板块运动

所有冲突都有一个发展过程。不会因为一句"仅仅因为"就发动战争。压死骆驼的绝不是第一根稻草。

争吵和争斗不会自动发生——它们源自一个出格的动作或者一个伤人的字眼。你妈妈不会因为你某一次不小心把牙膏渍留在洗脸池中就对你发飙。她发飙是因为你没听她的话已经107次，你这种不断忽略她请求的行为让她觉得自己不重要，让她感到很沮丧。你也不会因为班级中某个人给你一次下马威就暴跳如雷。你今天崩溃是因为多年来他们对你无情的取笑，只不过今天恰好这个人出现在你面前。

人就像板块运动。在火山或者地震发生之前，板块之间已经不断摩擦与挤压。如果我们留心一下，就有可能避开大混乱。是的，爆发可以宣泄能量，但是它也带来了巨大的伤害和痛苦。

人与人之间，人的内部也都一样。在我们"爆发"前，压力、误解、不现实的期望、感觉输入（对自闭症人而言）不断累积。也许爆发式的能量宣泄能让你在短期内感觉不错，但从长期来看，它除了伤害什么也没有带来。

这就是为什么练习沟通和倾听技巧如此重要。这也是为什么我们需要在冷静的时候清楚直白地表达我们内心的想法，而不是在我们快沸腾的时候。

我们正遭遇技术难题

我们自闭症人的困难在于无法清楚地读出情感图谱。我们内部的情感测量器似乎遇到了一些技术问题。我们在解释肢体语言、面部表情、语调以及预期他人想法上存在困难，因此对潜在麻烦的感知可能不那么敏感。

你可能会说，当我们在墨西哥检测板块摩擦时，日本却发生了地震。我们可能无法清楚地表达我们内心的挣扎，因此无法争取到充足的周转时间去找人帮忙。我们的显示仪上指数一切正常，但事实上，我们的内燃机快要爆炸了，我们再也冷静不了了。

当自闭症人崩溃时——我们哭泣、尖叫、乱跑乱撞（这些我都做过）——因为我们情感过载，又没有合适的词汇或工具去发泄。那是一个合理的问题。但是，就像那对"西红柿夫妇"，在他人看来有些荒谬，神经典型人看不到（也不关心）我们先前的惶恐、伤害和愤怒，他们只是看到了我们的崩溃。那不是我们最好的状态。

我曾听说，人们哭泣不是因为他们柔弱，而是因为坚强太久。忍受愤怒、伤害或害怕并不会让这些感受消失——只是默默播种下更大的问题。就好像把你的脏衣服都塞在一个小小的橱柜里，最终，当你打开橱柜门的时候，扑面而来的只是恶臭和肮脏。

我们必须在冷静时面对问题，而非怒气冲天时。在整本书中，我已经讲过好几个避免崩溃的技巧，如反映性倾听、自我倡导、礼貌地道歉、与他人合作等。那只是个开端，但当我们真的要崩溃的时候该怎么办呢？

方法是：

- 当我们冷静的时候，清楚地沟通和解决问题（其他人会来帮忙）。
- 学会倾听我们的身体。
- 当感到身体在升温的时候，知道如何让自己冷静下来。

这不是脾气的问题，但它看起来很像

大多数时候世界认为我们自闭症人的生气不是生气，而是暴怒，是发脾气。我们崩溃是因为感到感知觉过载或者是我们的期望（不论是否现实）没有达成。让我们来看看，我们该如何在引发更大的问题之前处理这个麻烦。

感知觉

如果花时间去做些准备工作,问题就会容易解决得多。生活也会变得更加容易:

- 选择没有标签的 T 恤。
- 穿容易脱卸的衣服:身体冷却可以更好地帮情感冷却。
- 如果你需要的话,耳塞也非常有用。
- 身边放一颗光滑的"担心石头"或者在你的口袋或课桌抽屉里面做会儿小动作。
- 得到老师允许之后,可以在你有需要的时候嚼块口香糖或吃一颗酸酸的糖果。
- 和教师一起安排一个"安全角落",你可以不经允许就跑去那里。它可以是操场边上的一个秋千,校医的办公室——我曾用过一个黑暗的角落,是废弃过道的末端,当我想逃跑的时候我就跑去那里。

做以上这些事情的目标是尽可能减少激惹性的感觉输入,并给身体其冷静所需的感觉输入(通常是触觉或言语指令)。

预期未预期的

我们自闭症人是多么喜欢固定的行为模式啊。知道周二会发生些什么,知道燕麦片放在哪里,知道衬衫要不要折起来,这样多舒服啊!这是我们控制这大大的、疯狂的世界的方式。当然,这也毫无意义。我们越是将事情规划得一丝不苟,当实际情况与我们预期不同时,我们也就越失望。

我听说让神发笑的最快方法就是告诉他你的计划。不论你是东正教教徒,还是虔诚的无神论者,这个道理是一样的。最让人不舒服的不是实际发生了什么,而是我们预期的没有发生。如果,你现在能停下来想一想,你会发现世界既不照着你的安排表运行,也不照着我的安排表运行。

你可能无法在预定的时间取得博士学位，你的第二个孩子也不是想要的女孩，你起的"茉莉"这个名字也白搭了。事实上，随着生活的推移，你可能会决定当一个牙医，而你的三个孩子全是男孩。计划赶不上变化。别浪费精力和情感去左右你根本无法掌控的人和事。

生活毕竟不必按照你的想象落实。你还记得当事情一下子看起来都错了的那种急迫而疯狂的感受吗？事情真的必须在"此时此刻"改变才能避免世界末日吗？别傻了。除非是着火了，除非是有人受伤了或者将要受伤了，否则就没什么大不了的。那种急迫、恐慌的感受只不过说明我们又自我中心了——我们将自己（自己的想法／需要／观点）视为比别人的更重要。

比如，我最小的儿子今天哭得满脸是泪——只因为一杯苹果汁。其实，也不是因为苹果汁。你知道吗，他每天早上吃早餐时会喝一杯苹果汁，但是今天早上我们的苹果汁喝完了。尽管我已经向他解释了情况，他还是崩溃了，彻底崩溃了。因为他的期望落空了，他的常规被打破了，所以他就发脾气了。不明情况的人还以为这房子着火了，或是这孩子弄丢了他最喜爱的玩具。其实不然，我们只是恰好没有了苹果汁。尽管我还有两个孩子等着要上学，一条狗在狂吠着要吃早餐，但这个孩子就是哭喊着要让世界知道小小的他，感受到了苹果汁对他的不公平。

该怎么办，该怎么办？

年幼的自闭症孩子更容易大发脾气，原因是他们缺乏合适的语言来表达自身的感受。如果年长的自闭症人没学会"常人语言"，他们不会满地打滚，但会反击。他们会攻击所爱的人，跺脚，摔门，说刻薄的话，自我伤害，甚至患上抑郁症、心脏病或者溃疡。我想你也不会喜欢第二种选择。很好，因为你还可以选择其他的。你可以选择忍受，也可以选择控制情感，自我安慰。

首先，在你冷静时记下让你烦恼的事情。采用自我倡导技能以及"我感到"的陈述，将你的担忧说给愿意倾听的人。如果你在沮丧的时候才去说这些问题，那么一切于事无补。

如果麻烦正在酝酿，请想一想板块运动。地理学家知道在地震发生前都会有 P 波或者早期震动波。动物们就会注意到这些地震波，并及时逃跑。我们的身体也会给出 P 波。

量一量你的情感体温：

◆ 你的手心出汗了吗？
◆ 你的脸在发烫吗？
◆ 你的胃有点难受吗？
◆ 你的大脑飞驰了吗？
◆ 你的胸口闷吗？
◆ 你的嘴巴干吗？

这些就是身体的 P 波，它们告诉你应该采取行动了，暴风雨就要来了。

还记得我的自闭症儿子和他的苹果汁吗？现在他还太小，不知道当他沮丧的时候该怎么办。因此，我有责任教他如何让自己冷静下来。当他长大的时候，我希望我家的果汁爱好者能够分清到底什么才是真正重要的——去"重构"情境，看见大局。我会帮他练习向自己提问："这个是小事情还是大事件？"最终，他会明白没喝上自己最喜爱的苹果汁确实令人失望，但不是毁灭性的。

但是今天，我的自闭症孩子看起来像个经典的爆脾气——一个被宠坏了的学前儿童哭喊着："我要喝苹果汁！"作为自闭症人，你我都知道这并不简单。大喊大叫有用吗？告诉他安静会有用吗？不会，那就好比拿汽油灭火。当我们沮丧的时候，我们需要知道别人听到了我们的抱怨，尽管他们不能也不会帮助我们解决问题。

对这个年幼的孩子，我应该保持冷静，对他说："很抱歉，你现在这么失望。我没有苹果汁，但是我有橙子汁和葡萄汁。你想要哪一个，橙子汁还是葡萄汁？"他不能立马回答我，所以我重复了选择项，重复了两遍。他还是没办法选择，我就各倒了一杯放在他面前（留有一段安全距离）。过了一会儿，他抽噎着，走过来，拿走了葡萄汁。整个麻烦便解决了。

你已经足够成熟，你能够自己去发声。我向你保证：

轻柔、自信的对话比大声、不安的争吵要有力得多。

因此，当你发觉自己要崩溃的时候，放轻松，再定位。

1. **放松**：我的孩子从学前班开始就开始练习"闻花和吹蜡烛"。我知道这听起来有些傻，但这是一个有效控制脾气的方法。通过改变呼吸方式，让它变得更深、更慢，你也就改变了自主神经的功能。你"跑或打"的开关就关闭了，你就能更好地控制自己了。
2. **理性地再定位**：自闭症人非常擅长逻辑，事情不受我们控制时例外。真相是，这个世界并不公平，你和我都不能主宰这个世界，所以给手头的问题应有的重视——但绝不过量。

复习一下——尽管这听起来像常识，不是什么高能的东西，但当你崩溃的时候，这做起来很难。

给崩溃刹个车

- 当大家都冷静时，才谈问题。听听别人的想法。
- 控制好自己的脾气并放松。
- 如果你的 P 波上升得很快，赶快离开，等到冷静下来再回来。说一声"我需要一些空间；马上回来（给出大致的时间）"。记住，你得回来。这是成长和成熟的一个部分。
- 如果脾气爆发之前你还有一些时间，做几个深呼吸，采用倾听和沟通技巧来寻求帮助，解决问题。"我对（ ）感到（ ）。我想要（ ）。你觉得怎么样？"
- 让崩溃和爆发的冲动溜走。提醒自己"这不是全或无"。不要因为爆脾气而丢了你的形象和尊严。你应该……

- 控制。选择将你上升的情感温度计视为使用适应技能的信号（获得空间，打个小盹，移开身体，做个小动作，读份杂志，做个深呼吸，练习瑜伽，跑步或快走，打沙包，捏橡皮泥，涂色，听音乐，等等）。
- 当你冷静下来了，给问题应有的重视——不能多也不能少。记住，如果你确实已经发过脾气了，你应做的成熟的、勇敢的、虚心的事情是退一步，并说："我真是太荒唐了，我能重新开始吗？"

你有权利去感受所有情绪。我只是不希望你表现情感的方式影响到倾听你的人。在《飘》（Gone with the wind）的最后的经典一幕中，郝思嘉（Scarlett O'Hara）——那个拖延症患者——蜷缩在地板上，擦干了自己的眼泪。她的家人走了，她的土地和金钱没了，她的爱人也离开了。但是（暗示性的背景音乐）她看向了镜头，抬起头，眼睛闪着光。她用尽最后一丝力气，坚定地宣布："毕竟，明天是崭新的一天。"忽略那夸张的圈环裙和戏剧性的语调，从郝思嘉小姐身上学一课。当你发现现实世界和你想象的不一样时，记得去重构、放松并再定位。明天是崭新的一天，会有更多的苹果汁的。

摘录的话

生活不是等着暴风雨过去，而是寻找机会在雨中跳舞。

有时候，你不得不退一步说："好吧，那真是太荒唐了。"

从正反两面看问题
（观点，会有很多观点）

一个没有幽默感的自闭症人就像一个不懂数学的会计。真是太糟糕了。

· 21 ·

希腊女神的科学

Hygeia，Aphrodite，为啥她俩是闺蜜。

必须知道的

- Hygiene（卫生）这个词来源于古希腊健康女神 Hygeia 的名字。她是爱与美之神的闺蜜。
- 要健康，先保持干净。
- 神经典型世界的真理：人们以貌取人。
- 脏兮兮会让神经典型人觉得你乱糟糟且没有责任感。
- 干干净净让你更讨人喜欢，更具有吸引力。
- 个人卫生应该在私下讨论和进行。

自闭症孩子的逻辑

如果你在西班牙打喷嚏，那么一定会有人说："Salud！"或"身体健康"。在意大利，人们举杯的时候不说"干杯！"而说"Salut！"，她们为健康、生活、幸福干杯。在法语中，"sain"一词指的是健康的人和健康的生活方式。这三个词都起源于几千年前一位希腊女神的名字——Salus。在希腊语中，她的名字叫 Hygeia，是主管健康（生理和心灵的）的女神，也是阿佛洛狄忒（Aphrodite）——爱与美的女神——最好的朋友。由于她将福祉、健康和清洁捆绑得如此紧密，她的名字后来成为了英文单词"Hygiene"（卫生）。

由于 Hygeia 是健康女神的名字，所以 Hygiene 指的是"良好的健康状态"，不是对你头发梳得美不美的等级评分。这跟历史课有什么关系？"Hygiene"是一个让青少年感到难为情的词之一。对自闭症人来说，尤其如此。我们时不时因为我们的个人卫生问题受到诘难。但健康和卫生之

21 希腊女神的科学

间的联系并不新颖，早在古希腊就有了，这也不是故意为难我们自闭症人的方式。我在这里也不是对你的个人时尚进行判断——我不在意你选择什么品牌的衣服，也不关心你是不是在意衣服的品牌。我们谈的不是时尚，而是健康。

任何一本社交书籍都绕不开个人卫生习惯这个话题。这非常重要。尽管由于感知觉和"心理理论"的缺失，这个问题对自闭症人而言更加复杂。感官、洗漱、理发和体味这些都不是小事。说句明智的，我们很难意识到神经典型人是如何看待我们的个人卫生对我们生活的影响的。因此，接下来我将告诉你关于你身体的真相，以及为何 Higeia 和 Aphrodite 是好闺蜜。

相信我：这些"Hygeia"规则可以确保你生理和心理健康。别认为我是在指责你，没人指责你。我这么做只是因为在意你。我希望你的生活能尽可能容易一些。我不希望你受到嘲笑或欺凌。如果我不告诉你这些，也会有人告诉你——但很可能是在背地里指指点点地说。

Hygeia 说……

这一点毋庸置疑：**干干净净能够让你和周围的人更健康。这也让你更迷人，因为你表现出了对别人的关照和尊重**。这也是为什么 Hygeia 和 Aphrodite 是这么好的闺蜜了。爱之神绝不会鼓励人们和一个臭臭的人交朋友。

你 + 干净 =

一个更迷人更惹人爱的新的你

（眨眼，眨眼）

从头到脚：让奇迹发生

好吧。保持个人卫生的目的在于成为一个令人亲近的、健康的、没有臭味的社会成员。以下是一些该怎么做的建议：

哪里

个人卫生（刷牙，剪指甲，刮胡子，修毛发，洗澡，梳头，剔牙，化妆）都应在盥洗室里或者卧室的化妆台前。个人卫生绝不应该在公共房间（客厅、厨房等）里进行，特别是别人就餐或者准备就餐的附近。

和谁

因为这牵扯你的身体，个人卫生是一件私密的事情。只能和专业人员（造型师，医生）或者亲密之人（家长，好友）私下谈论，不可在学校等有他人在场的情形下谈论。

衣着

要干干净净。你需要清洁的衣服——指的是干净的内衣裤，没有污点、不起皱、没有异味的衣服。

头发

隔多长时间洗头这个问题不同的人有不同的意见。一些专家说应该每天洗头，另一些则认为可以隔长一些时间。在西方文化中，油油的头发就是脏头发。脏脏的头皮是细菌的滋生场。你可以选择——每天洗头或者隔天洗头。有需要的话，可以用去屑洗发水。如果你有一头长发，洗完之后还应该用吹风机吹干。不论男生还是女生都应该每天梳头，有时甚至需要用到定型产品（摩丝或者啫喱水），以帮助头发定型。最后，至少6～8周理一次发，即使你在养长发时也应如此（如果你不养长发，那就应该理得更勤快一些）。理干净的头发就是最干净的头发。

指甲

要清洗指甲并每周修剪，并把周围的死皮也修掉，以保持干净。你的脚趾甲也是如此。这样做可以防止灰指甲——一种由真菌引起的皮肤感染。每天洗澡之后都要记得清洗指甲。当然,你也可以让别人来帮你完成。如果你有涂指甲的习惯,那么就要保持指甲鲜亮,否则还是别涂了。

口气

想听恶心的话吗?由口腔细菌引起的口气,让你闻起来跟臭肉和臭脚丫一样恶心。这对你的社交生活极其不利。所以,一定要每天刷两次牙,还要刷舌头(它们上面的细菌占口腔总细菌的90%)。如果你对牙刷的触感十分不适应,你也可以试试漱口水。嚼无糖口香糖也会对你有帮助。

体味

当细菌在你温暖、潮湿的身体部位滋生,分解你分泌的油脂时,你就会闻起来臭臭的。这就是你的体味。如果你以为别人不会注意到这些——那你就大错特错了。他们会注意,而且会认为你是肮脏的、乱糟糟的人。我看到过这样的孩子。最糟糕的是,这样的事情明明可以避免,但是当事人却没有做好。所以,请

- 每天洗澡。
- 使用止汗剂或者除臭剂。
- 在你出汗之后,重复以上程序。
- 如果你喜欢,可以在休息室里用潮湿的小毛巾擦一擦,确保身体干净。
- 试着用含玉米淀粉的身体粉,它们可以帮助吸收汗水,防止体味。

香水

好闻的香味令人喜爱——但是过犹不及。千万别用香水去代替抑汗剂或者除臭剂。你肯定不想让他人窒息或者过敏。只用清香型的,喷一两下就足够了。

刮胡子

要经常用刮胡泡或者刮胡膏配合锋利的刮胡刀将胡子刮去。如果你不这么做，你的皮肤就好像被什么东西点燃了似的，胡子会一刻不停地长出来。按照胡须生长的方向将胡子刮去。刮完胡子之后，用一些润肤霜保护皮肤。

眉毛

要让你的面部清爽，你还应该修眉（特别是你有一字眉的时候）。相信我，这比你以为的更重要。第一次的时候，你可以去美发沙龙或者理发店。他们做这个很专业，并且会建议你一些最好的个人卫生方法。

皮肤

想让皮肤光彩照人的最好办法就是睡美容觉，喝大量的水，每天涂防晒霜。这是真的。除此之外，你还需每天早晚用洗面奶——不是肥皂——洗脸，记得选择适合你肤质的洗面奶（男士和女士的这类产品，在药店都有）。轻轻地用毛巾擦拭你的脸蛋，把死皮擦去。洗完之后，可以涂抹无油的润肤霜。如果你需要，还可以用祛痘软膏，但绝不要忘了润肤霜。干燥的皮肤更容易出油……然后长痘。

化妆

当你第一次买化妆品的时候，你可以在柜台或者专业的化妆柜台上让服务员帮你化个妆，请让他们帮你打理一个干净、自然的妆容，并让她们教你如何化妆。你不必买她们推销的所有商品，但要注意她们所说的颜色选择、产品用量以及使用方法。

外　　表

神经典型世界的真理：人们喜欢以貌取人。对大多数人来说，"干净"和"整洁"是一回事儿。可以用等式的方法来思考一下：

如果"干净"＝"整洁"，那么整洁的外表就给人一种干净的印象，反之，乱糟糟的外表就让人感觉脏脏的。

这也是为什么神经典型世界中的人希望你外表整洁。如果你去应聘，穿着皱皱的、落伍的衣物，那么我觉得你很可能被拒绝。可能你要准备的事情确实很多，穿卡其裤这种小事你根本没列在日程表上。买一些免烫、不起皱的裤子。在神经典型世界（那个接收你入学，给你提供工作也能炒你鱿鱼的世界），"不整洁"或"乱糟糟"的个人卫生状况告诉别人："我是一个没有责任感、毫无组织性、肮脏的、什么也不在乎的人。"

请注意：我并不是说你就是那样的人——我只是说别人会这样认为。如果你去找工作，约会，参加宴会，别人的看法和事实一样重要。你如何向这个世界展现自己很大程度上取决于你的打扮——例如，你的衣服不是空降的。从某种意义上来说，你从商店中挑选它们，并穿上它们。可能你认为那件 T 恤很滑稽。我们也可以说你通过这件 T 恤向世界展示了你的幽默感。或者你把头发染成蓝色，这样就可以把别人吓走，好一个人静静（而不是采用其他防御性的方式）。不论你做什么，请明白你在作出选择，在创设印象，尽管你自己可能没有意识到。

我如何做到"干净、整洁"

对男生和女生的着装建议

如果你既想和"Hygeia 女神"在一起,又想看起来时髦和年轻,那么你可以复制模特身上的打扮。可以请售货员帮忙。记住:展示模特的着装是大牌设计师设计的。采纳他们的专业知识,将自己变成他们的模特。杂志广告也是如此。直接复制服装杂志、网页或青少年杂志上的着装搭配。自信地穿出去——你穿的可是大牌设计。

问问他们

我不得不让我妈妈给我买第一支抑汗剂,当然,我当时难以启齿,尽管我没有体臭,但是我是学校里唯一一个没有用抑汗剂的学生,这让我看起来十分幼稚。很多时候,成人没有意识到他们的儿子或者女儿已经长大了。他们会买一些你认为太过幼稚的衣服或者化妆品。我多希望生活中成人不用你说就知道你想要什么。但事实不然,你得告诉他们你要什么。我并不是说这样很容易,而是这样很重要。我能够做到,你也能做到。这值得去做,因为女神都这么说。

· 22 ·

乘泡泡出门

只有神经典型人看得见的透明界线

必须知道的

- 心理失明让我们自闭症难以区分自己的想法、感受、身体、财产与他人的想法、感受、身体、财产之间的区别。
- 对他人而言,他们的感受是真实的,就像你的感受对你而言也是真实的一样。
- 当我们越过看不见的边界时,神经典型人就感到受威胁、被挑衅、被冒犯。
- 为了避免进一步感到不适,他们将我们这些"外来人"推开。
- 了解神经典型人的边界在哪儿将会使他们感到舒适,从而好好对待我们。

自闭症孩子的逻辑

你还记得《绿野仙踪》里面的好女巫格琳达(Glinda)吗?她受人爱戴,忽的一闪她就乘着泡泡飞到了芒奇肯(Munchkin)的头上,那真是太棒了。但是我们没法乘着泡泡飞,至少我们自闭症人做不到。

我发现,神经典型人确实乘着泡泡,在某种程度上是这样。他们似乎每个人都乘在一个泡泡里生活,思考,说话,与他人接触和交流。对于神经典型人来说,人际界线就好像真实泡泡的光滑表面那样清晰可见。但是我们自闭症人却看不见这种人际空间。我们看见的只有人。

在那个泡泡边缘我们的人际空间结束,别人的人际空间开始。这对我们而言简直就是个谜。不过话说回来,我们也从未认真思考过这个问题。就我个人而言,我并不觉得自己行走在一个透明的泡泡中,但我倒是觉得自己是个透明人。我简直无法想象别人竟然无法看出我脑袋里的想法。不是人人都该像《星际迷航》(*Star Trek*)里的瓦肯（Vulcan）会思维融合术么？触碰我——入侵我的思维——读取我脑袋中的一切想法。和大多数自闭症人一样，我从不遮遮掩掩。我们就像一样翻开的书。我们是最忠诚的朋友。我们是透明的。你看到的我是什么样，我就是什么样的；我们绝不会撒谎和假装。

和自闭症人在一起，你看到的就是真实的他。但是我们没有意识到——神经典型人并不如此。神经典型人所呈现的一面是他们构建的一面，常带着一星半点的夸张，让人眼花缭乱，其目的在于营造公众形象。由于我们无法看见自身思想或神经典型人观点的边界，所以我们不断"戳破泡泡"。我们越过社交边界，在物理空间上入侵他们的领地，模糊了私人和公众信息的边界。这让神经典型人感到非常不爽。

这比空间入侵者更严重：这是泡泡失明！

众所周知，自闭症人存在人际空间困难。你可能已经从老师、咨询师和其他孩子口中听说过这个事情。"管好自己的手"，"兄弟，往后退"。言语和社交技能的咨询师将"空间入侵"视为一个重要问题，并不断告诉你要在自己和他人之间留出一手臂的距离。也曾有人提出过一种视觉化的线索方法——建议你想象自己乘在一个泡泡里（Glinda 的方法）。是的，没错儿，我们确实常被人认为是怪胎，被认为不尊重他们。但是，我并不想取笑这一点。

我想说的是一个更大的问题。我们的问题并不是个人空间问题，也不是要学习如何更好地沟通的问题，更不是给出过多信息或者错误判断友谊程度的问题。那些全都是泡泡失明的症状。我们的麻烦在于无法看见人或者观点之间的界线。我们无法看清我们"自己"（我们的空间、观点、感受等）结束、别人开始的那条界线。

原谅自己：除非有人指出神经典型人的界线在哪里，否则我们根本就看不见那根线。因此，我们通常会入侵他人的个人空间、个人信息、个人物品，尽管我们并不是故意的。我知道你并不想当一个怪胎或是怪人，我也不想。你会因为盲人没看到他身边疾驰而过的车而怪他吗？当然不会。因此，你也不必为没看见那根隐形的分界线而踏入他人个人空间而感到懊丧。你就是看不见那根线。你只是需要知道你应该在哪儿预期他们的出现。

为什么要这么做？神经典型人无法意识到他们能看见的你居然看不见。他们认为你粗鲁、无理、油腔滑调。他们为什么会这么想？因为一个忽视社交界线的神经典型人就是粗鲁、无理、油腔滑调的。而我们自闭症人恰好就犯了这个错误。

你一定会以为：我这个能根据话题写书的人，是一个非常擅长避免人际界线陷阱的高手。其实只是有时候如此而已，一般情况下并非如此。当在写本书计划的时候，我私自纳入了一些觉得还不错的例子。非常感谢出版商对我的信任以及对我写作能力的肯定，更谢谢他们帮我出了第一本书，因为在中间出了不少的问题。

如果能读懂我的思想的话，计划可以说是写得非常清楚的。但那些读不出我的思想的人就遇上麻烦了。毕竟像"魔镜！魔镜！"或"煮通心粉"这样的规则，除了我，有几个人能一眼看懂。我并没有解释这些规则是关于什么的。我知道"魔镜！魔镜！"写的是什么，并不等于别人也知道。了解了这个情况之后，我感到非常抱歉，赶忙写了一份完整的说明送过去，最后还附上了一句"我非常害怕我的心理失明可能已经打扰到你们了。"谢天谢地，他们接受了我的解释和道歉。

并不是所有场景中的每个人都会倾听。这也是为什么**我们必须学习神经典型人的社交界线在哪儿，我们得学会像真的看到这些界线一样去尊重他们。**

哪儿是泡泡的边缘

社交界线对于神经典型人来说是非常真实的。尽管你看不见它们,但你要知道你何时跨过了这些界线。有时候情况是这样的:

- 神经典型人看到每个人的身体、财产、思想和感情周围有一个保护性的空间(一个泡泡)。
- 当我们未经允许和他们的身体、财产、思想和感情距离太接近时,我们就"戳破"了这个泡泡。
- 当我们没有受到神经典型人的邀请而显露我们的身体、财产、思想和感情时,我们也"戳破"了这个泡泡。
- "戳破泡泡"让神经典型人失去了保护。他们感到受威胁、被挑衅、被冒犯。
- 为了保护自己,他们会将我们推开。

这个感觉很糟糕,对吧?就好像你真的是个怪人或怪胎,让人反感。尽管我们并不需要因此受到惩罚。我们所需要的只是一个更好的解释。

神经典型世界中的"泡泡"界线

身体

站立时,你和他人身体之间的距离十分重要,也很复杂。多近是太近,多远是太远?试一试:想象每个人都在腰间套了一个呼啦圈。如果你的呼啦圈刚好碰到了神经典型人,那么你就站在一个和他人适合对话的距离,这样的距离让谈话进行得很舒服。

再近一些就到了"亲密"区间了。这个区间是神经典型人为家人、宠物、约会对象或亲密（长时间的）朋友保留的。即使是这些人，在触碰之前最好也还是询问一下，例如，可以说："要来个拥抱吗？"这样会显得更加礼貌和得体。

尊重他人的身体空间也包括不触碰、把玩、讨论他人的私人物品，如内衣物、个人卫生用品等。同理，存放这些物品的房间（卧室和卫生间）也不对一般访客开放。

最后，一个忙碌的身体就意味着一个忙碌的大脑。如果某人身体非常忙碌，那就别向他提问或发出请求。那么做会让他感到精疲力竭，甚至会触发他的坏脾气。给他一些空间，选个安静的时间再询问他就好了。

所有物

这个规则在我们小时候就已经学过，但我们还是常常不假思索、粗心大意地打破他们。

别拿不是你的东西。

- 在触碰、"借"或者使用别人的任何东西之前，先询问——否则，就叫做偷。
- 边说边拿的行为是不可接受的。
- 在离开公共或共享空间（厨房，客厅，卧室等）时，把你的东西都带走——什么也别留在，包括垃圾，否则你就侵占了"每一个人的空间"。
- 别去开橱柜或者抽屉，除非他们是你的。
- 在别人来索还之前，就把东西还回去。
- 在用别人的东西的时候要比使用自己的东西更加小心谨慎。
- 尊重别人的辛勤工作，不论这个工作在你看来多么微不足道。

想法

我曾经听上司说过，他认为最自大的事情就是有人在没有询问他之前就认定是他剽窃了那个人的想法。他当时话里有话，所以最好安全行事：

- 假定和你说话的那个人在政治、宗教以及其他任何事情上与你的观点是完全不同的，除非你有足够的证据去推翻这个假设。
- 不论他的信念在你看来是多么的荒谬、奇怪和错误，任何人都有权利和自由选择他们的信念。把你的判断留在心中即可。
- 如果你不同意某个观点，你不必说出来。这可能会引发争议。"这个看问题的角度倒真是蛮有意思的"是一个中性的回应，既不批评也不支持所说的观点。
- 不同的观点并不是错误的观点。
- 想法是智力产品——不经同意采用别人的观点和偷是一回事。但这也是非常微妙的。

感受

现实是模糊的，有些人甚至会说没有所谓的现实——这个观点倒是真的。我从某个角度看问题，那就是我看到的真相。周围人从另一个角度看问题，那就是他看到的真相。对他人而言，他们的感受是真实的，就像你的感受对你而言也是真实的一样。为什么这一点如此重要，因为：

人们是对他们的观点和感受作出反应——而不是对你的。

以下就是其工作的原理：

- 你的所言所行会在别人那儿形成你意识不到的感受。
- 没有一种感情是"愚蠢"或"荒谬"的。
- 每个人都有权利去感受他的情绪，你也是。
- 感受是没有对错的，引发感受的事实可能是错的。
- 你的感受会影响你的所思所为。

- 别人有别人的感受，他们的想法跟你的不同，他们的反应也跟你的不同。
- 积极情感（放松的，高兴的，骄傲的，重要的）会引发积极的行为（友善，接纳你，欢笑）。
- 消极的情感（尴尬，受伤，害怕）会引发消极的行为（嘲笑，欺凌，排挤）。
- 拥有的感受和思想不同并不等于这个人是对的，那个人是错的。
- 我们必须清晰地解释我们的印象和感受。别人不能读出我们心中所想。除非我们进行解释，否则别人不知道我们在想些什么，我们的感受是什么。不论我们的感受是多么的显而易见，都请你好好沟通。
- 除非我们主动询问，否则我们无法知道别人在想什么。
- 使用"我感到的陈述"——这不会有错。请说"我对（ ）感到（ ）。"
- 核对一下。说"你是想让我感到（ ）吗？"或者"你觉得（ ）吗？"确定你是在对事实而不是感受作出回应。
- 当人们的感情是你所不能理解的时候，请最好询问一下他们为什么会有这样的感受。例如："因此你感到（ ）？你能帮助我弄明白为什么你会有这种感受吗？"

如果你想对别人产生影响（喜欢你，接纳你，为你提供工作，约会，等等），那么你首先必须考虑一下你让别人感觉如何。

- 给别人留下积极的情感。
- 积极的情感产生积极的想法。
- 积极的想法导致积极的行为。

泡泡的样子

外面有很多人声称他们能够读心或者有心灵感应。就我个人而言，我认为他们只是优秀的信息收集者。自闭症人类似"不识字的心灵感应者"。我们不能读懂他人的想法，但是我们能够收集大量别人可能会有的感受、想法和行为。如果做得够多，你就会发现规律。

想象别人的观点并不是一件容易的事情。别为你不确定的事情感到担心。不断尝试，去创造可能。提问。说出你的想法——记住，它们也是不可见的。还要记得时时回顾这些"隐藏"的规则。可能你无法学会乘坐泡泡，但至少可以避免泡泡水沾到你眼睛里。

· 23 ·

选择和手段

如何识别朋友

必须知道的

- 了解神经典型人的边界会使他们感到舒适，从而好好对待我们。
- 神经典型世界中友谊有很多隐形的边界。
- 你不仅需要知道什么不是友谊，你还需要准确地知道友谊是什么。
- 谨慎且有目标地选择你生活中出现的人。
- 友谊并不完美，因为人们不完美。真心朋友也难免犯错。
- 挚友让你觉得成为自己是一件快乐的事情。

自闭症孩子的逻辑

每个人似乎都知道朋友是什么。但是他们真的知道吗？我们真的知道吗？心理学家 Tony Attwood 博士曾发现，当询问自闭症人什么样算好朋友的时候，我们常常用排除法"不是什么"来回答（Attwood，2007）。换句话说，我们回答的是好朋友不会做什么，而不是他们做了什么。为什么？他猜想这可能是因为我们对所谓的朋友有太多负面体验，因此我们明白好朋友不应该做什么。不幸的是，我们没有足够的经验去给出什么是好朋友该做的。这听起来蛮有道理的。

如果你没见过某样东西，你就很难描述它。试着描述一下我家的厨房。除非你已经去过，否则你根本不知道它大小如何，是古典还是现代，是绿色、蓝色还是灰色。如果你连一个好朋友也没有，你就很难描述什么是好朋友。

书中或者电视剧中的友谊非常清晰；在主题曲开始和结束之间，一切问题都解决了，但那不是现实生活。在现实生活中，友谊十分灰暗，乱糟糟的。在神经典型世界中，在朋友和陌生人之间有很多个层次。分不清这些层次，你就会错信那些不该相信的人，你还有可能吓跑本可以成为好朋友的人。

让我引用 Attwood 博士的一个观点。为了学习神经典型世界中的友谊规则（有一大堆规则），我们得先定义朋友是什么，而不是他们不是什么（Attwood，2007）。

朋友是：

- 给你打电话和发短信跟你给她打电话或发短信的频率差不多
- 回你的电话
- 给你朋友圈的状态点赞或评论
- 保守秘密
- 分享秘密
- 她看到你的时候会笑
- 她喜欢的事情有一些你也喜欢
- 她喜欢的事情有一些你并不喜欢
- 分享一些相同的观点
- 邀请你出去逛街
- 等你
- 给你留座位
- 把你介绍给她的朋友
- 为你挺身而出
- 当你看不起自己的时候，她会阻止你
- 会倾听
- 真诚地赞美你
- 看到你身上未曾注意的天赋
- 知道你的缺点，却包容它们
- 告诉你真相

- 会说对不起，而且是真心的
- 接受你的道歉
- 和你一块笑，而不是嘲笑你
- 不强迫你去做你不想做的事情
- 如果你陷入危险（是的，甚至是保密的情况下），会告诉成人
- 不会每一件事都叫上你
- 甚至当她做错的时候，她也不是故意的
- 喜欢你本来的样子

这个列表可真长啊！正因如此，你也不必为这一生中只交了几个或一两个好朋友而感到诧异。算你走运。朋友最重要的是质量而不是数量。

而且，甚至连最好的朋友也会把事情搞砸。"人（就像很多其他事情一样）不是全或无的"，这是我们自闭症人最难记住的事情。即使是最好的朋友，也不可能喜欢我们所有的一切。**没有完美的友谊，因为没有完美的人。每个人都有缺点，每个人都会犯一些诚实的错误。**

你可以选择的是是否愿意接纳某个特定的缺点：某个朋友有些坏脾气，而另一个朋友可能很健忘。这些事情跟他们的优点比起来哪个更重要呢？这个问题的答案没有对错之分。

信得过的朋友的成分

在制作信得过的"朋友"的时候，你可以把以下所有的东西煮烂来充当主要成分：

- **双行道路：**友谊基于相互尊重以及给予彼此同等的关注。
- **友好：**朋友之间相互喜欢，并努力让彼此快乐。
- **观点：**朋友之间相互询问彼此的生活、感情、思想，以更好地了解。

对方。
- **没有输家**：真正的朋友会意见不同，会争吵，会生气，但也一起解决问题，保持友谊比争个谁对谁错更重要。
- **共同的事**：朋友并不是完全相同的，但他们之间有很多相似之处（兴趣爱好，活动）。
- **慢慢分享**：随着时间的推移，朋友间会逐渐分享思想、愿望和感情，这些事情是他们的小秘密。
- **总而言之，一个挚友会让你的自我感觉超棒！**

挑选他们

为什么你需要大费周章地交朋友，如此辛苦地尝试？我不愿意骗你——这确实很难，需要你不断努力。但是请你继续努力。当你可以选择何时（而不是是否）需要独处，何时要人陪伴的时候，你的生活就会变得更好！

可以选择和别人分享你的生活，这会让你的生活变得更丰富。它让快乐更快乐，让伤心更容易接受。学会了解别人的观点可能会激发你从未有过的想法，激发你发现自己从未注意到的天赋。

哪儿以及如何

你去哪儿寻找朋友？你如何开始寻找？从记住你的目标开始：发现一个真正的朋友。重点是质量而不是数量（一两个好朋友比一堆不靠谱的朋友要好得多）。

你已经是你应该是的样子了。不必为你要说什么、不能说什么而感到太紧张。那样会让你看起来怪怪的，令人不舒服。就做你自己——别假装感兴趣，或者说一些你根本不知道的事情。要真诚。

记住：少就是多。把声音降下来，让身体安静些。尽管大声和抖动不自觉地随着紧张感而来，但他们也会让别人觉得紧张。

谁？自闭症人的选择题

你能做的最重要的事情（也是自闭症人最不擅长做的）就是选择正确的人做朋友。你要的是正确的人，而不是表现明显的人。我听说我们应该把生活中的决定当作选择题来做。你可能已经知道了A、B、C等选项，其中一个是虚假或陷阱选项——它看起来似乎挺对的，但其实是错的。这是一个干扰项。作为一名教师，我教你一个窍门：先找到这个陷阱选项，然后排除它。没有了干扰项，寻找正确答案就会容易得多。你知道吗？排除"明显"选项也是寻找好朋友的一个明智的方法。

例如，在学校中，处于中心地位的孩子看起来非常具有吸引力，但她们过于忙于愉悦自己以及整个班级。排除这个明显选项——选择其他人。

比如说好朋友的可选项有：A.有漂亮头发和一大群追随者的美丽女孩；B.会变一些魔术的害羞男孩，C.学生会主席，D.以上都不是。很多人可能会选A或者C。他们就是明显选项，但他们不是最佳答案。对这些人而言，多一个朋友并不是什么重要的事情。你是随时可能被抛弃的。最佳答案是B。**选择接近那些喜欢你、珍视朋友、也会努力和你成为朋友的人。**

你好！

好了，你现在已经对一大堆"神秘"规则了然于胸了。是时候把你知道的运用到实践中去了。当你想交新朋友的时候，你可以：

- ◆ 微笑。
- ◆ 每件事情都试试——好相处的人是非常有意思的，所以把不同活动混合起来吧（音乐和游泳，电脑俱乐部和艺术课程）。这样你会交到不同社交圈里的朋友。
- ◆ 注意——观察别人阅读的书籍、穿的T恤（T恤上的图案）以及其他指向他们兴趣的线索。

- 问问他们对什么感兴趣。
- 记住:你曾经和这个人讲过话吗?你还记得他喜欢什么或者知道什么吗?努力回忆。
- 和独处的人讲话。或者,找到一个正谈论你感兴趣话题的小组。先站在外围听听他们说的是什么,然后再发言。
- 看看人们的博客或动态,看看有什么更新。
- 给予赞美。
- 倾听的时间应是说话时间的两倍。
- 如果你们在一个小组或是学校里的搭档,寻找机会谈一些跟工作无关的事情。
- 询问学校的咨询员或者心理学家是否有适合你参加的社交技能社团。这些社团为自闭症孩子创造了一个低压力的环境,你可以练习那些隐藏规则。
- 参加俱乐部或者活动——尝试一种新的运动,给喜欢的慈善活动当志愿者。可能你并不觉得自己是一个"参与者",但是这里是认识他人的绝佳场地。这是认识有相似兴趣的人的一种好方法,也为你提供了源源不断的话题。

不论你决定做什么,最重要的是你已经着手开始做了。千里之行,始于足下。好朋友源自一声"你好"!

· 24 ·
谁是谁，什么是什么

友谊的层级和保鲜膜

必须知道的

- 神经典型人将友谊分为不同的等级。了解这些等级可以帮助我们知道谁可以信任，可以在多大程度上信任。
- 没有朋友好过被所谓的朋友伤害。
- 在友谊和对话之间保持平衡，太过热情会让神经典型人觉得不舒服。
- 当友谊变得越来越重要时，它需要的关注也越来越多。

自闭症孩子的逻辑

一首很多孩子都会唱的歌叫做《金和银》(Silver and Gold)，你可能还记得其中一句歌词是这样的："不忘老朋友，结交新朋友，一个是金，一个是银。"某种意义上说，你很可能在孩提时代就忘记了这句话。毕竟，如果你的整个生命周期只有10年或者15年，你也没必要为保持20年的友谊而伤脑筋。上一个圣诞节似乎也可以算很久之前的事情了，那么，多久的友谊才能算得上"金子"呢？

其实这并不是时间的问题。那首歌说的是另一个隐藏的神经典型真理：友谊分为很多不同的等级。在读中学的时候，我交了一个"最好的朋友"，但她很快就和一个认识不到一年的女孩成了"连体婴儿"。我不得不承认，当我发现她抛弃我的时候，我吓坏了。那个女孩是如此受欢迎，我甚至为能走在她身边，当她的小跟班而感到自豪。刚开始，在暑假的时候，我们两个走得很近，一开学我们就成了"永远的好朋友"。我们甚至还有同一款衣服，在对方家里过夜，相互诉说秘密，等等。但是，不到6个月的时间，另一个女孩出现了，她非常嫉妒我和她之间的友谊，并且要花招让那个女孩以为我在背后说她的坏话。另一个女孩甚至还声称我总是告诉别人我比我最好的朋友更聪明、更漂亮、更富有（其实我根本就没有讲，天啊，我根本就没想过做这样的事情！）。随后，她们两个就联合起来，在剩下的中学时光中，她俩一起谋划各种不同的事儿把我弄哭。我非常确定，好朋友不可以做那样的事情……

真相是，我对我"最好的朋友"跟那个女孩成为"连体婴儿"这事儿一点都不介意。事实上，只拥有一个最好的朋友的想法也充满了问题，但那也算不上真正的问题。真正的问题在于我们把这种熟悉的关系看得太重——几个月的时间根本算不上老朋友，或"金"朋友。我从没想到一个称自己为"朋友"的人竟然会如此狡猾和不忠。如果我是你的朋友，我就会忠诚和牢靠。我不会说八卦，我也绝不会故意伤害别人的感情。妈妈过去常说我以为全世界的人都会跟我一样对待自己的朋友。她还真说对了。作为一个自闭症人，我还真没想到别人竟然跟我想的不一样。他们竟然会用计谋、谎言、演技、嘴里说彼此是"朋友"却做着背道而驰的事情。对我们而言，一张微笑的脸就是一张值得信任的脸。但是在神经典型世界里，情况并非如此。

在神经典型世界里，友谊分为不同的等级，即使有人声称自己是你的朋友，但也有可能根本不是朋友。只有时间能够告诉你谁是我们的朋友，谁不是。

人不是非此即彼的，关系也不是非此即彼的，这个道理神经典型人不明自知。因此，相比于我们，他们将人分成很多不同的种类。这样做能保证他们的安全。你也应该学习他们的操作系统，知道这个系统的存在，这可以帮助你弄清楚谁值得信任，能在多大程度上信任。

友谊的等级

一个破解神经典型人友谊密码的有趣方式是想象一个叫做"友谊金字塔"的东西。这个想法是由 Michelle Garcia Winner 和 Pamela Crooke 博士所经营的社交思维诊所提出来的。他们描述了一个由 5 种不同等级组成的金字塔。我想告诉你的是，人必须完整地从最底层一步一步走向最高层才能找到真正的友谊，这个过程会花费比你想象要多得多的时间。所以，慢慢地跨越每个等级吧。

点头之交

点头之交指的是那些你来来去去碰到的人——他们大部分是学校里的老师，商店里的收银员，商场里遇到的孩子。和这些人碰面的时候，你的目标就是给出一个微笑。如果你心情舒畅的话，也可以跟他们打个招呼或寒暄一下——表明你看到他们了。这些人顶多和你说句话或者来个简短的对话。通常，自闭症人认为短对话是没有意义的，或者压根儿就是胡扯，但事实并非如此。短对话能够给人留下积极的印象。我敢跟你保证，这比你以为的要重要得多。比如，对接待员友好，不仅是礼貌之举，更是聪明之举：你认为是谁在帮你安排和大学录取委员会的成员碰面？你不怎么认识的人，对你的生活都有极大的影响。

熟人

熟人就是那些你时不时会碰面，但并不打算约他们一起逛街或聚会的人。他们可能和你在同一个俱乐部或同一个班级上课。和这些人你可能会进行 1～2 分钟的交谈，他们也可能是你觉得有意思的、日后会有进一步发展的人。

可能的朋友

可能的朋友源自你经过短暂对话的熟人,你们随后计划一起做一些事情。例如,你和你实验室的搭档决定在午餐时间或放学后一起见面。这个人可能是你朋友圈的好友,他常常关注你的动态,后来还关注和阅读了你的博客。当你做家庭作业遇到难题时可以向他们求助,你也可以请他帮你在公交车上占个座。你们的互动是公开的,并且不那么频繁。

正在升级的朋友

正在升级的朋友需要你进行更多的关注才能维持。就我个人而言,我不怎么喜欢打电话——就我所知,大多数自闭症人都这样。是的,这样的朋友是你在放学后或者周末会经常打电话或聊天的人,也是你发短信、写邮件或发微信去了解他们最近在干什么的人,是你会告诉他们最近发生了什么有趣的事情的人。你们会去对方家里玩,一起参加派对,一起去看电影。不论我们说的是交朋友还是约会,你得确保这种互动是有回应的!记住,让联系和信息分享保持平衡。也请你时不时地检验一下这位你想选做朋友的人。随着你们在一起的时间越来越长,请你明确一下他是否具有成为朋友的所有"成分"。

固定的朋友

跟下面一个水平非常接近,固定的朋友指的是已经结交了一段时间的朋友——比如一整个学年。你计划和她常常一起出去,在校外和工作之余常常保持联系。你开始跟这样的朋友分享感情、失败、恐惧……只要他们跟你一样也和你分享这些私人的想法。

时断时续的朋友

随着兴趣的改变，时断时续的朋友会在不同的友谊等级中徘徊。但不论他们跟你距离如何，你都很享受和他们在一起的时光。

非常亲密的朋友

非常亲密的朋友处于友谊金字塔的顶端，只有一小群，非常小的一群人——他们是你认识很久的人，是值得继续信任的人，是真诚和友善的人。这样的朋友只有经过时间的沉淀才能得到。

网络、停止标志和保鲜膜

当你在琢磨友谊层级的时候，有几件重要的事情你必须知道。最重要的是，你要记住，自己是一个有价值的人。不论别人说什么，不论发生什么，你都要抬起头。

当我们忘记珍视我们自己，变得孤独，或者相信别人说的那些不好的事情时，我们就真的会有麻烦。我们会变得绝望和黏人，我们会显得过分热情。我们可能会分享一些神经典型人认为太私密的事情，或者太快分享这些私密的事情，抑或是对朋友太过嫉妒。最后，神经典型人会觉得他们好像是被一个巨浪劈了头。他们会跑开。或者，他们会利用我们。因此，我得多说几遍：

把所有人都纳入你的生活中和生活中一个人也没有同样糟糕。

我不得不忍受一些不邀请我参加派对的朋友（他们不想承认我们是朋友），或者那些路过都不愿意和我打招呼的朋友。我也曾在大学期间有两年时间处于暴力阴影之下，因为我以为交一个受人欢迎的男朋友会让我比单身更快乐，但这个男友带给我的只是伤害和咒骂。

24 谁是谁，什么是什么

你不必忍受任何人。

你不必仅仅因为有人走入你的生活，就感到荣幸万分。

你需要选择你想要的人：那些会对你好的人。

保鲜膜

有一首古老的摇滚歌曲曾说：如果你喜欢某件事，你就得给它自由，就需要这样做。如果它会回来，说明它本来就是你的，如果它不回来，说明它本就不是你的。这一点用在朋友上十分恰当。如果你很孤独，你会为拥有一名新朋友而兴奋，这一点非常容易理解。

警示旗！

我们前面曾谈到过"互惠"——人与人之间的给予和索取。慢节奏和稳定可以帮我们赢得朋友。抓住别人给的暗示。以跟她一样的频率给她打电话，写邮件，发短信，语音留言，顺路去看她。不要超过那个频率。多听，少说，特别是关于你很感兴趣的话题，更应该如此。也许很难想象别人居然对星球大战、希腊神话、狗狗繁殖、恐龙、火车或者其他你喜欢的事情不感兴趣——但确实，他们可能就是没兴趣。不喜欢这些并不会使他们变得愚蠢或无聊。因此，请谨记这一点：你在寻找朋友，而不是学生。其他孩子也不想再多一个老师。别改变或教育他们，逼迫他们去做你喜欢的事情。

确保你提出的话题令人感兴趣。对话和游戏是给予和索取的经验，而不是个人秀。你是在做双人对话还是单人演讲？看一看另一个人的肢体语言：他的眼睛看向别处了吗？想要离开了吗？那就是无聊了。那就赶快停止，并说："对不起，我讲太多了，你呢？你想做点什么有意思的事情吗？"采用倾听技巧对当前的话题保持兴趣，别沉溺在你想说的上面。这可能很困难。但这世界有意思的地方也正在于有那么多不同的想法——即使他们跟我们的兴趣不同，也仍然值得交朋友。

在对话、联系和努力之间保持平衡。慢慢来。如果你过于害怕没人陪伴，你就会把所有值得拥有的人都赶走。"黏人"、过度急迫或热情，这些都是毁坏友谊的最好办法。

寻找停止标志

有时候，没什么特别的原因，你想拥有的一段友谊就是没法开始。别怨天尤人，没什么大不了的。

这里确实涉及一个"翻译"的问题。神经典型人表现他们不感兴趣的一些方式（不回电话或短信，避免眼神接触）在你看来都是小事。我们是以忘记回电话、沉迷于我们所喜爱的事情、对朋友不够关注而出名的。

请小心识别神经典型人发出的厌烦信号。这信号提示你应该停下了，避免他们感到不舒服。如果她背对你，忽略你或者回避你，抓住这些暗示。放轻松。别再打电话，写邮件，别太着急。还有其他很多人可以交朋友。

照顾好自己

拉尔夫·沃尔多·爱默生（Ralph Waldo Emerson）曾说："拥有朋友的最好方式就是成为朋友。"友谊就像花园——需要细心和关注才能盛开花朵。

如果你的朋友正在向你伸出橄榄枝，但是你没有给予相同的回应，这样的友谊就不会长久。朋友希望他们在你的心里占有一席之地，甚至当他们不在你眼前的时候也是如此。你可能确实把他们记在心里了，但你需要通过一定的方式表现出来。

那么如何做呢？小事情能带来大改变。记得他们的生日，在运动会和音乐会上为他们欢呼，分享有趣的链接，做你想和他成为朋友的那种人。

不同事情上交不同朋友

一段健康的友谊不会是全或无的。你还记得那个把所有鸡蛋都放在同一个篮子里的表达吗？那样压力太大了。没有人应成为另一个人的一切。

相反，人们都不止拥有一个朋友。所以，当你的朋友有了一个不包括你的计划时，别嫉妒。相反，你要从中吸取教训。

想象你自己是网络或花朵的中心。你的周围是你用来填充生活不同区域的各类朋友。先从一个朋友开始，然后不断添加。可能你班级中的某个人喜欢打游戏，而另一个乐队的成员和你喜欢同一类电影。学校里的一个女孩喜欢和你打网球，来自化学系的男生则喜欢和你一起拼装机器人。你是个三维立体的人，有很多兴趣，很多令人兴奋的事。世界上甚至还有更多的有意思的人！所以，从交一个朋友开始，别停！通过结交不同的朋友增强你人格特质的不同部分，你会变得更加让人喜爱，更加令人惊叹。

摘录的话

今天你会做些什么让别人的心为之微笑?

如果你只是重复眼下这一章,那么你就永远不可能让生活翻到下一章。

我们在一起。

在你生长的地方开花。

· 25 ·

昂首挺胸站起来

自我倡导，生气创可贴和被听到

必须知道的

- 诚实地面对自己的优缺点会让你拥有超能力。
- 愤怒是一种创可贴式的感情策略。这一感情是真实的,但所需愈合的伤口则在愤怒的背后。
- 我们教别人如何对待我们。要让别人尊重我们,我们必须先尊重自己。
- 自我倡导指的是冷静而清晰地表达自己的权利。

自闭症孩子的逻辑

你有超能力哦!你可能没意识到,但你确实拥有超能力。不不不,我说的不是穿紧身衣的超人、戴斗篷的蝙蝠侠、有镭射眼的鹰眼侠(虽然他们也非常了不起)。你比他们更优秀——而且也更真实。你具有自我意识这个大优势。

"认识你自己,你将开启宇宙的大门,你将了解神灵的秘密。"这是一句古老而神秘的谚语。相传,这是古希腊的女先知和女祭祀留下的德费尔神谕。古希腊很多谚语已经在悠长的历史长河中被湮没了,唯有"认识你自己"留存下来。那"认识你自己"到底有什么重要的呢?

神谕好似谜语,又似幸运饼干。所以,"认识你自己"并不是说你必须知道自己的名字,自己的长相。她指的是你必须知道你想要什么,你的冲动是什么,你的缺点、想法、技能、优势和激情是什么。最强大的力量和最安宁的平和来自于对自己是什么、不是什么的深刻理解。你知道自己是个自闭症人。我也是如此。这样的觉悟让我们有了超能力。我们知道自己在特定的情境下会做出什么反应,然后(这也是力量的一部分)

我们能够学会选择我们的行为，而不是让冲动控制我们的行为。

这一周，一些人没兑现承诺。不同年龄的人用不同的方式欺负着我。此外，这一周，在我没有做错任何事情的情况下，我被人背叛了。我感到尴尬，被欺负、被欺骗。到现在，这种感受还萦绕在我的心头。我曾经也有过这样的遭遇——某个人，不论出于何种原因（尽管常常是出于嫉妒），曾试图偷走我的快乐。有这样一句话："人们喜欢向闪闪发光的东西扔石子。"这句话说得没错。当你闪闪发光的时候，你就成了众矢之的。

我从一个最近遇到的麻烦中学到了这一点。这也是一个智慧老人帮我指出来的：我正在"闪闪发光"，所以别人就朝我扔石头。我是好的，我是对的，我被人误会了。那么问题来了，我该怎么做呢？我是应该当一根碎意面，去大发雷霆，还是应该写一些愤怒的邮件，大喊大叫，弄出个动静来？那样做都不会带来力量或公平——不仅如此，甚至很可能会让我失去力量和荣誉。

当我们自闭症人生气的时候，我们很容易就放弃或者失控。我们可能会感到受伤、无助从而放弃反抗，或者我们会失去理智而变得具有攻击性——骂人、尖叫、拳脚相加、声嘶力竭。这样做很傻——我们的信誉和力量也随之流失了。

你知道吗？生气是一种创可贴式的情绪反应。就好像一个绷带，它是一层保护层——真实存在，但不需要治愈以使你感到好受的东西。生气是在孤独、害怕、羞耻和悲伤之上的情感。如果为了处理生气，我们把事情搞得一团糟，那么我们根本就无法真正修复其下的伤口。我们仍旧孤单，我们仍旧受伤——甚至还额外累积了一些羞耻和孤单。

你不能改变你不知道（或不承认）的事情，这是真的。这也就是为什么神谕是对的：**知道你马上要逃跑了或者爆炸了，让你有机会去阻止，不去做这两件蠢事。相反，你还会有机会优雅地站起来，去自我倡导。**

别向那些想要夺走你力量的人投降。就像我的 Dumbledore 提醒我的：你必须继续发光——谦虚地——却仍在发光。就像古老中国的一位哲人老子所说：

"果而勿矜，果而勿伐，果而勿骄，果而不得已，果而勿强。"

它的意思是说，成功了也不要自以为是贤能，成功了也不要自我夸耀，成功了也不要骄傲，成功了也要认为这是出于不得已，成功了也不要逞强。

因此，我不会失去控制或丢失尊严，相反，我会停下来，深呼吸，等待。这会一步一步迎来改变——我花费时间，寻找真相，保持冷静。

神经典型世界奖赏谨慎的行为。你做什么（或者不做什么）比你说什么重要得多。通过保持冷静，我能够清晰地思考我需要什么。我冒着风险，为我自己站起来。当然，整个过程中我都非常害怕——但勇敢指的是即使害怕还会去做。因此，我很勇敢。我确定，我值得为自己站起来，所以你也应该为自己站起来。

受到自闭症孩子爱的激励，我列出了一张无可争议的事实清单。是事实，而不是观点或情感的清单！我要求他们道歉，也收到了他们的道歉。而且，通过花时间去倾听他人的想法，我能够提出"折中"的解决方案。最后，我赢了。尽管结果不是我最初想要的那个。但是，那原来的结果不在我的控制范围之内。我的目标是通过反应的方式让自己感到自豪。这是第一次，我觉得自己是那么的自豪。

如果你能做到以下几点，当你沮丧的时候，你就能够保持坚强、保持灵活。

- 停下来，别立刻采取行动，别说话。
- 慢慢深呼吸几次。这能让你的神经系统冷静下来，让你远离打或跑的反应模式。
- 挤压——挤压一个压力球，双掌用力合拢。这可以让你的身体冷静下来，让你耗散一些精力。
- 如果有可能，为自己争取一些私人空间，等待（这很难，但值得这样做），等待，直到你可以和一些你信得过的人校对事实，或者直到你已经完全冷静下来。

- 对事实而不是情感作出反应。当我们沮丧的时候，我们会丧失自闭症逻辑，变得情绪化。这称得上最奇怪的突然变化。神经典型世界会因为你冷静清晰地陈述事实而尊重你，他们不会为了迎合你的感情而改变任何事。

教世界如何对待你

我曾听说教别人如何对待我们的恰恰是我们自己。我认为这千真万确。**自我提倡就是在教别人尊重我们。我们要求我们应得的，而不是接受任何事情。**

如果你一直忍受不良待遇，那么你就是在教别人不用好好对你。如果你能够礼貌、平静地要求你应得的，那你就是在教别人用尊重、公平和真诚来对待我们。这是你的选择。**如果你都不尊重自己，别人又何必尊重你呢？**

自我提倡按照以下步骤进行：

1. 了解你的优点，了解你的需要

作为一个自闭症人，我们有一些共同的优点。比如，我们有极大的
- 对我们爱好的热情
- 同情心
- 真诚
- 正直
- 忠诚
- 逻辑性和分析性思维
- 机械能力
- 创造力

但我们也有一些具有特殊需要的品质

我们有这些品质……	因此，我们有这些需要……
对特殊兴趣的高度聚焦	提醒询问别人的兴趣是什么，不要滔滔不绝地讲个不停
真诚，可信，忠诚	值得信任的神经典型人需要帮助我们明白别人（不那么真诚）的动机
冲动	让我们冷静的策略，帮助我们在发言或采取行动之前先保持冷静
全或无的思想	问题解决的技能，帮助我们接纳别人的想法
焦虑	适应技能（例如运动，角色扮演的社交情境，知道如何求助，向谁求助）

2. 明确目标

你是你生活的主角，你是唯一一个能够设立目标、让他们开心的人。如果你真的特别想要某样东西，那么你一定能想出办法来。如果你不是，你也能找出借口。

如果你以为你的目标是朝别人脸上开一枪或者报复那个卑鄙的女孩，那不是真的。

每天，在每一个情境中，如果你能做到以下几点，你就会感觉更棒：

- 真诚对待你的价值
- 言行一致
- 学习一些新的东西
- 勇敢进取，甚至在你害怕的时候也是如此
- 记住，除非你投降，否则你就不能被征服

所以，别投降。集中注意。你现在到底想要的是什么？

在你的可控范围内，选择一个或两个明确、可测量的目标。比如：邀请一个女孩和我一起喝咖啡。（目标是邀请，而不是一起喝咖啡，后者你无法控制。）或者，尽管我没有任何的表演经验，但我仍想要为某个戏剧去试镜。（你的目标是试镜，而不是获选某个角色，后者是别人的事。）

25 昂首挺胸站起来

寻求建议。选择你真正敬佩的人做你的导师，他会帮你把目标梳理得非常清晰。

然后，保持冷静，深呼吸。

3. 了解你的权利，接受你的责任

在不同的情境下，你的责任和权利就会有所不同。

学校

向你的老师要一份评分准则。这份视觉组织材料清晰地说明了成绩的等级顺序（A，B，C，等等）。这是一种确保你知道该期待些什么、保证你知道在完成任务之后会得到什么的最好方法。如果你已经成人，类似的文件就是工作合同或工作评估表（你的薪水就依赖于它）。

所有地方

你有权期待别人会：

- 和你真诚相待
- 遵守承诺
- 跟你礼貌地交谈
- 只有经由你同意之后，才能以友好的方式触碰你
- 当他们做错的时候，会跟你道歉
- 不造你的谣

然而，你应该预料他们不会经常这么做，尽管他们应该如此。

这时候你就需要去沟通——教他们如何对待你。

4. 与他人沟通

用三部分的"我陈述"来表达你的想法。

1. 当你（描述行为）的时候，我感到／觉得（　　）。
2. 对你有什么影响？告诉他这样的行为对你具体产生了怎样的影响。

3.我更喜欢（你喜欢的）。

我来举个例子："当你没有按照承诺买来实验所需的材料时，我感到非常生气。因为没有这些材料，我无法按时完成我这一部分的工作。我希望明天你和我一起去老师那里，把情况解释一下。"

你可能想要用文字来表达你的想法。这能够给你机会去思考你的具体目标，谨慎地选择文字，并且能够更加贴切地表达你想要说的。当你写完之后，读一遍，再读一遍。再重读一遍。离开一会儿，休息一下。回来之后，再读一遍。

问问你的导师，你的文字是否和你想表达的一致。请注意，现实并不是板上钉钉的事情。每个人都以他自己的视角和经历感受着这个世界。问问你信得过的神经典型人（老师、咨询师、家长或朋友），让他们听一听，读一读你的想法，确保你的文字确实表达了你想说的。

当你确定你已经收集了所有事实，并且他们都是正确的，怀着友善和开放的心态把它送出去。采用积极的倾听技巧！作一根湿滑的意面，接受合理的妥协。

昂首挺胸站起来

自闭症朋友们，你的人生只有一次。你要对你的人生负责。这里面隐藏的规则就是：**世界将以你允许的方式对待你**。

埃莉诺·罗斯福（Eleanor Roosevelt）曾说过："不经你的同意，没人会瞧不起你。"因此，你对这个世界的要求是什么？你会怎么要求？你会盛气凌人，满腹牢骚，怒气冲天吗？你会投降或者让步吗？

或者你会自信、冷静而坚定吗？如果我能做到，你也一定能做到。停下来，深呼吸，想一想。然后走出去，让自己为自己感到骄傲。

发光吧！别让任何人阻止你！

· 26 ·

自言自语

内部对话和老磁带

必须知道的

- 根据有多少人喜欢你来判断自己的价值只会让你走向失败。
- 首先,你必须尊重自己。
- 有尊严意味着你不会跟羞辱你的人或事合作。
- 如果你认为自己是有价值和有力量的,那么你就会成为这样的人;如果你认为自己是无用的,不值得被爱的,那么你也会成为那样的人。
- 神经典型人认为自信和自尊是最具吸引力的品质。

自闭症孩子的逻辑

两年前,我参与了一份人格量表测试,这份量表据说能够测出我身上的5种最强大的优势。其他人的测试结果表明他们是"精力充沛者"和"领导者"。我的结果是"WOO"。WOO?这到底是什么意思?

"WOO"是"赢得他人"(Wining Other People Over)的英文缩写,它指的是那些享受遇见别人、赢得新朋友的人。我们不但不惧怕被陌生人拒绝,我们"WOO"还热衷于收集名字,发现共同爱好,甚至是熟人这样的事。那听起来不太像自闭症人吧,难道不是吗?但事实是,自闭症人也可能如此。

就像你看到的,WOO 喜欢建立新的关系,走向新的人群,认识新的人,收集新的信息,并为此而开心不已。这不是深入发展友谊,而是要结识熟人,是为了了解别人,了解将他们联结起来的模式。我觉得,我对这个也蛮感兴趣的。从某种意义上说,我越是了解别人做了什么、为什么这么做,我就越能在别人伤害我之前更好地保护自己。

尽管测验结果显示我是一个"WOO",但这只是我的防御策略。我的目标曾是——现在也常常是——赢得更多地人来"尽可能"地喜欢我。他们不必成为我永远的好朋友。只要他们不是我的敌人,我就很开心了。

可是,这真是一种疯狂的生活方式。你应该还记得,**我们的目标必须是我们可以掌控的事情**,否则我们该如何判定失败或者成功呢?如果我的目标是明晚让暴风雨席卷我所在的街区,如果这个事情没有发生,这能怪我吗?如果发生了,你们会祝贺我吗?当然不会。我无法控制天气,就像我也无法控制别人是否喜欢我一样。我可以努力变得最有礼貌、最恭敬,但是除此之外,我就无能为力了。

谁喜欢你

根据有多少人喜欢你来判断自己的价值只会让你走向失败。不论你做什么,不论你多么优秀,也不会每个人都喜欢你。**重要的是朋友的质量,而不是朋友的数量**。当我们自闭症人在一个不理解我们自带操作系统的世界中售卖我们的价值时,我们注定要失败。

成人常常告诉小孩,每个人都要相亲相爱,然而事实并非如此。每个人"理应"相互爱护,但是他们却没有这样做。不会每个人都喜欢我——或者你。有时候是小孩子伤了你的心,有时候是大人伤了你的心——我还记得曾有个老师欺负我。如果这样的事情真的一点也没有给你造成烦恼,那么你真的是个幸运儿。

如果,你比 WOO 还要 WOO,一刻不停花费精力让每个人都喜欢你,或者(甚至更悲哀)你把自己改变成你以为别人会喜欢的样子(改变你的发型、你的衣服、你的身体,你的大脑)。请立马停下来!你会累的,你会被人利用,被人欺骗,你会失望的。你会感到恐怖。更糟糕的是,你会丢失你最好的朋友——你自己。就像朱迪·嘉兰(Judy Garland)所说:"请做自己的第一,勿做别人的第二"(Kennedy, 1992)。

一首发行量破纪录的歌曲"最伟大的爱"(Greatest Love of Au),1984

年由 Michael Masser 和 Linda Creed 作曲，Whitney Houston 录制。歌词中就写道：一旦你学会了爱惜和接纳自己，就没人能够偷走你的尊严。这是很棒的主题。这首歌的歌词是一位童年在饥饿、贫穷、嘲笑中度过的女性写的。她完全明白自己写的是什么，我也明白。这个主题可能听起来有些陈旧和无趣——但是，除非你先喜欢自己，否则别人不会喜欢你。**如果你希望别人尊重你、喜欢你，你必须是第一个看见自己尊严的人，第一个去尊重自己的人。**

尊严和自言自语：内部对话

你好，我是珍妮。我是个词汇爱好者。所以，请原谅我，我将浪费一些时间给你讲讲"尊严"一词的词源学（历史）。它来源于拉丁语"Dignus"，其意思是有价值的，通常的意思指的是配得起自尊、表扬、荣誉和尊重。Dignity 的含义则更广一些，它具有一种尊贵、优雅和自信之感。它是你的一部分。你可能因为你的成功或成就而感到骄傲，非常好。但和骄傲不同的是，尊严并不依赖于某一特定的时刻或某次成功。它并不脆弱。它不会被偷走也无法被抢劫。它……只可能，被你遗忘。

要有尊严，首先，你就得拒绝与任何羞辱你的人或事合作。想一想，再读一遍：

要有尊严，首先，你就得拒绝与任何羞辱你的人或事合作。

是否在不经意间，你和那些伤害你、取笑你、排挤你的人合作了？如果你听信了那些羞辱你的话，如果你看着镜子，把这些话又告诉了自己。是的，这就表示你跟他们合作了。你是在帮助那些误解你、虐待你的人。你是在欺负自己。这可没什么尊严可言。

你什么时候会想象自己，你私下认为自己是什么样的？你对自己苛刻吗？你对自己友善吗？这时你所听到的词汇就是"内部对话"，而且这种对话的力量令你难以置信。毕竟，谁会对你一周7天、一天24小时地讲话呢？只有你自己。你常常听到自己在讲话。

这说得通，你对自己的看法就好像电脑的程序代码。他们塑造了你的思想。**如果你认为自己是有价值的，那么你就会成为这样的人；如果你认为自己是无用的、不值得被爱的，那么你也会成为那样的人。**

考虑一下你的外貌、在校表现、智力水平、天赋和社交生活。你会想：为什么每个人都讨厌我？因为我很蠢，我讨厌我的发型，我就是个失败者。那就是消极的自我对话。这就好像在你的大脑中重播那些老旧的侮辱，这个你很在行，你在说服自己听信那些谎言。但是：

消极的自我对话基本上都是不可信的！

消极的自我对话就是由不了解我们的神经典型世界创造的一大堆误解、假设和夸张的言论。有时候，这些外面谣传的噪声在我们的大脑里引起了回声。另一些时候，我们内心的恐惧阻止我们去冒险，去尝试新奇的、惊险的东西。

因此，如果"'我不能'真的意味着'我不去'"，那你会拒绝做什么？冒险？尝试？面对失败？如果你尝试一些新的或者有难度的事情，我不能保证你不犯错误，但是我能保证的是，如果你不去尝试，你永远也不会长大，永远不会比现在更好。

你愿意帮助那些讨厌你的人、欺负你的人、怀疑你的人吗？我可不愿意。

阻止自己的消极自我对话。用合理的"能"去代替不合理的"不能"，并且当心"非黑即白"的思维！生活中很少有"全或无"的东西，很少有完全的失败或者彻底的成功。

我们需要积极的自我对话——提醒自己那些细小的、确凿的真相，比如："我确实是一个忠诚的朋友。"或者"我是可靠的，值得信任的。"积极的自我对话是一系列的"缓解思维"，积极的事实就好像是一剂消极自我对话这种毒药的解药。

你的消极自我对话就好像是你通往尊严和自尊路上的坑坑洼洼。你走在这条坑坑洼洼的路上，一不小心，忽然，"嘭"地一声，你被一个坑绊倒了，摔了个狗啃泥。因此，我们必须做些什么呢？我们必须把这些坑填平，让这条路变得顺畅些。进入"反向思维"。

反向思维能够激励你，帮你建立自信，让你关注你能够控制的。他们是对打击或者怀疑的明确回应。

留心：停下来，认真听，替代它

想法仅仅是想法而已。只有付诸行动它才会有力量。停下你手头的工作，仔细地听一听你的自我对话。写下你听到的，然后写下针对性的积极反向思维，把心里的洞填平。例如：

挖坑的消极垃圾	平整路面的反向思维
没人想和我交朋友。	我有一个超级好的朋友。我也可以选择结交一些新的人。
我肯定通不过那个测验的。	我可以向"学霸"求助。
我什么也做不好。	这是个学习新东西的机会

为什么这些都很重要呢？

尊严是对你尊重那个独一无二的、珍贵的自己的奖励。这个星球上的每一个人——神经典型人和自闭症人——都有权利过有尊严的生活。你给自己这个权利了吗？

你想向自己和别人展示

- 诚实？
- 友善？
- 对差异的容忍？
- 值得信任？

- 富有同情心?
- 公平?

当我们拒绝欺负自己,当我们不再吹嘘自己或打倒自己时,我们就会有尊严,我们就会有吸引力。约会专家同意以下观点:**没有比自信和尊严更为珍贵的东西了**。很高兴知道这一点,但我还想加一句,忘了"赢取别人"这件事儿吧。尊严是赢取对我们而言最重要的人——我们自己——的钥匙。

· 27 ·

关注、推送和短信

所需知道的网上礼仪

必须知道的

- 在你发短信或邮件之前，问问你自己：这上面说的是真实的吗？是善意的、好心的？是有用的、必须的？
- 电脑另一边的人是真实的，有着真实的情感、思想和反应，但是，他们在网络上所表明的情感、思想和反应却不一定是真实的。
- 你所写的文字、发出的短信、寄出的信件常常都是可以复制粘贴的，可以引用、分享和追踪的。
- 不是所有"朋友"都是一样的。虚拟空间的友谊也分不同等级。
- 避免在开始或结束一段关系、医学诊断或其他重要生活事件时使用短信来进行重要对话。
- 在短信、电子邮件、邮件的联系人数目上保持平衡，在网络中也是如此。

自闭症孩子的逻辑

今天，在这儿，我不得不倚老卖老一下。当我还是个孩子的时候（我指的是真正的小时候），"网络礼仪"这个词压根儿就没有。礼仪就是妈妈让你读的礼貌用书上所说的事儿，或者是托儿所里你学到的东西。那时候也没有所谓的网络。但是，谢天谢地，我还足够年轻，我还能说我的世界也被各种电子设备，密码，社交网络所包围。那时我大概20岁。也就是说，我用一段较长的时间去学习电脑，以便让生活变得更简单。当然，在这个过程中也发生了很多尴尬的事情。

我敢肯定你一定听过有关安全上网、理智上网的警告和规则。请一定遵守这些规则。确实有人会假装友好、年轻、善解人意——而实际上他们却是刻薄、年老、令人讨厌的。所以，千万不要把你的地址、电话号码等随便告诉陌生人写在公共留言板上。千万不要。我的丈夫是警察，他曾处理过这方面的恶劣案件。请一定相信我，朋友们。好了，我啰唆得够多了。

网络心理失明

这本书中你所读到的所有社交规则都适用于网络。基本上，可以归为以下几点：

- 冲动是魔鬼，冲动是魔鬼，冲动是魔鬼（重要的事情说三遍，在发送之前请仔细想想）
- 请清楚地意识到你在别人心中留下的印象
- 明白在网络上也存在看不见的边界
- "互惠"原则仍然有效

当我们允许我们的心理失明在网络中肆虐的时候（这毕竟是我们的常态——也就是说我们常常这样），我们也就像在现实世界中一样惹上了麻烦，只是这些麻烦来得更快了。我们的世界由提供及时联系和复杂关系的电子设备、应用程序、论坛等联结而成。我们以为我们跟某人是等级5的朋友，然而他更可能还停留在等级2。或者一个不经大脑的短信发送之后，一个等级为4的朋友在突然之间就消失不见了。

所以，首先，请随时随地记住以下几个要点：

- 电脑另一边的人是真实的，有着真实的情感、思想和反应，但是，他们在网络上所表达的情感、思想和反应却不一定是真实的。
- 有些东西按下删除键也没用，网络是永恒的。

关注我：社交网络的秘密规则

社交网络在很多方面都是非常棒的。他们是联结新朋友或老朋友的绝佳方式，是帮我们避免电话聊天的好方法，是帮我们自闭症人维持可能被遗忘关系的好方式。

但是这也是个充满陷阱的区域。边界问题，过度分享，友谊等级——这些都是我们纠结的"隐形事物"，它们到处都是，只等着我们一脚踩过去，然后"嘭"的一声，社交泡泡就破裂了。

在微博、朋友圈、开心网、QQ等社交平台上生存的关键是：对每一件你在网络上做的事情都要三思而后行。

下面介绍怎么做：

- **假设你写的任何文字都会被误解、被滥用**。这听起来似乎有些杞人忧天，但这会帮助你三思而后行。你希望你的伙伴、你的老板、你的面试官或者你未来的孩子看到些什么？我爷爷在网络还未发明以前说过的一句话到现在还具有警示意义："说过的话薄得就像空气，而写下来的则会永远在那里"。你说过的话可以被重复，有时候正确，有时候出错。不论是何种情况，你都可以否认或者解释。当别人转述他们听到的话时，那可以叫做"道听途说"。这样的话总是没有什么可信度，所以法庭上从不会采用。然而，你写下的话、发出的短信、推送的文字却总是可以改变的，可以复制粘贴，可以被引用、被分享、被追踪的。

- **让照片和用户名保持中性**。大学录取的办公人员，雇主，祖父母都会看到你发在网上的东西。你可以看起来很有型，很随意，有魅力，很冷酷，等等，但如果这不是一张让你奶奶觉得骄傲的图片，那么就别放在网上。甚至你的用户名有时也至关重要。不论你认为这个名字可以让你显得多么有趣或者火辣，你其实并不是那样。因为一个真正有趣、具有吸引力的人，从不会去证明这一点，或炫耀这一点。

- **在你圈人之前询问一下**。如果你在一张你并不喜欢的照片上被人圈出来了，拒绝这个圈人的请求对你来说可能不是什么大不了的事。但是请记住，别让别人也处于和你一样的境地。当晒别人的照片时，请避免圈他们。让他们知道这照片你上传了，让他们选择要不要被圈出来。

- **隐私设置的存在是有意义的**。用起这个功能来。尽管这样，我们还是要假定任何发布的信息都是所有人可见的（毕竟平板，电脑，智能手机让一切信息都可以随身携带）。当你设置那些你打算公开的个人信息时——别过度分享（这是个自闭症危险区域）。他人并不想读你的自传，太多的个人信息就好像是在炫耀。少就是多。那些想要了解你的人，自然会去了解你。

- **粉丝或好友的数量并不能衡量你作为个体的价值**。你可能在网上有573个好友，或1000个粉丝，但你在这个群体中可能连一个真心朋友都没有。重要的是质量而不是数量，还记得吗？那些渴望收集一大堆"好友"的人，他们并不关心友谊，他们在乎的是炫耀。

- **不是所有的"好友"都是等价的**。还记得友谊等级吗？我网上的"好友"包括小时候一块玩耍但之后从未见过的朋友，这个世界上最好的朋友，还有化妆柜台的导购员。很明显，他们并不处于友谊的同一个等级，但是他们都关注了我。创建一个智能列表，把这些人进行合理的分类，以便区别出谁是真的朋友，谁不是。

- **朋友的朋友是可以的**。给朋友的朋友发送好友请求是可以的，但最好备注一下你是谁，这样他们收到请求的时候就知道你到底是谁了。你记得他们，他们却不一定记得你。

- **太多信息**。在你发布你穿了什么、吃了什么、看了什么的时候，问问你自己——"如果别人发布这些,我会在意吗?",如果不在意,那就别发了。发布太多信息会稀释真正重要的信息。

- **留言墙是对所有人的回复**。在回邮件的时候,回复所有,不是一个好的选择。这会挤爆别人的邮箱,让他们难以对你真正想表达的引起关注。留言墙就有些类似这个,他们不会在意你说什么。别用留言墙和某个人(某一小圈人)制订计划;你会让其他人感觉被排挤了,而且让你感觉你想所有人都知道你的社交生活。在制订个人计划、表扬和分享信息的时候用点对点的直接联系方式。

- **点赞与拉黑**。如果别人请求和你约会,你不必都答应,你也不必答应所有朋友的请求。如果你不想和某个人建立联系,你完全可以"忽略请求"。如果你和那个他分手了,或者发现和某个朋友处得很尴尬,受到了他的伤害或者对他很失望——那就别理他。你有权选择谁可以进入你的空间,不论是物理空间还是虚拟空间。你不必为消极的人腾出空间。为了自己,请"拉黑"他们。

在虚拟空间中端庄得体

刚走进社交网络时,我们需要做的准备很多,比如处理电子邮件和短信上就需要做很多功课。"嘭",一不小心,我们就又搓破了那个泡泡。

比如?我曾经的理解是,如果某人给了你他的联系方式,那我就可以联系他。这听起来很符合逻辑吧?但是,神经典型世界里的事情哪有那么容易呢。一年前,由于我女儿常常生病,一位儿科医生给了我她的个人电子邮件地址和电话号码。一个周末,我和另一个医生沟通出现了一些麻烦,我不确定要怎么处理。所以,我就给她发了一封电子邮件。她没有回我。到了周一,她给我打电话,并告诉我,我就这么给她发邮件是多么不恰当,我是多么不懂规矩。我当时真恨不得找条地缝能够钻下去。我支支吾吾地说了一句:"好的"。那一刻我感觉自己的脸一直红到了耳根子。我真是不知道自己哪儿做错了。后来我意识到,我又越界了。这种感觉真是太熟悉了,我又越界了一次。

另一次是我孩子的老师,叫我把孩子"所有的测验"情况"全都"发给她。所以我就照做了,一字不差地照做了。然后她就直奔校长办公室抱怨,说我向她的邮件里面发了一堆乱七八糟的东西。按照字面理解去理解老师的话显然是大错特错了。我又一次羞愧难当,而且根本不知道自己到底哪儿做错了。

电子邮件的秘密

想想上面两个意外情况,我悟出了电子邮件的两个秘密:

- **在个人和工作关系中存在着看不见的界限,别因为工作人员对你友好就错把他们当成你的朋友。**你可以随时给家人和朋友发电子邮件,但除非发生了危及他人健康和安全的紧急情况,你只能在工作时间给工作人员(教师,老板,治疗师)发邮件。
- **多封邮件会让收信人感到很麻烦。**邮件一定要简洁,切中要点,把几封小邮件合并成一封完整、精炼的邮件。如果你不确定要不要写某封特定的邮件,可以问问其他人来明确别人是否会需要这样的信息。

除了这些之外,还有更多的注意点:

- **注意你的语气:要显得清晰而不是显得聪明。**在网上没办法让你的语气清晰,所以人们很容易误解你的本来意图。比如,我和我的公公之间经常开玩笑,我们常常拿他爱忘事儿的梗来开他的玩笑。去年夏天,我给公公家的每个家庭成员都发了一封邮件,告诉他们,我们要进城一周,家里没有人。我写道:我本打算亲自打电话,但是因为我不确定爷爷能不能准确传达信息(如果当面说的话,我一定会眨眨眼，然后善意地哈哈大笑），所以就给大家发个邮件。不幸的是，一些收信人把我的玩笑当成了对老人的侮辱（好在，他知道我不是恶意的），他们在信中读出了一种本不存在的语气。在网络上，这样的事情时有发生。所以，一定要非常明确地说出你想说的，如果别人不懂你的幽默，你就别开玩笑。相反，如果你觉得一直很好的朋友说出了根本不是她会说的话，询问一下——别把事情想得太糟糕。这可能仅仅是一个误会。

- **没有得到允许之前，别转发，也别复制或附上他人的短信**。那就是网上八卦。
- **转发很差劲**。别发送。它让人讨厌。
- **及时、全面**。在24小时之内回复，确保你回答了他提出的所有疑问（这也包括你坦陈你不知道答案）。这是对他人时间的尊重。
- **切中要点**。人们采用电子邮件是为了节约时间，所以你的语言也要简洁。要点式的语句让你的读者能最快注意到你要表达的信息。
- **拼写检查功能的存在是合理的**。你在世界上做的每一件事都是你自己的延伸，或者至少是你的反射。发送那些充满了拼写错误和语法错误的信息，会让人觉得你不够在乎读者，因为你连你的文字都没有检查一下。但也请你注意自动纠错功能。有时，它的"预知纠错"会发送一些令人非常尴尬的信息。
- **一切都是可以转发的**。你写下的任何东西都可以剪切、粘贴或转发。如果你不想把信息公开，那么一开始就别这样做。

短信的适用与不适用

朋友，我不想在这儿老调重弹。这些话你到处都能听到：别在饭桌上、他人发言时、公开表演时发短信。我想要跟你强调的是：**信息是最不私密的沟通方式——它只是人际关系的速记**。当你要朋友帮你留一个位置的时候，它非常适用。如果是和人分手，用短信就不合适。

避免在开始或结束一段关系、医学诊断或其他重要生活事件时使用短信来沟通。这会显得你很冷漠，因为这样的对话应进行面对面的双向沟通，而你这么做就是把另一方排除了。重要的对话，应该面对面进行，如果距离远的话，也要打电话，而不是发短信。

哦，对了，注意你的铃声，尽量简单一些。不是每个人都懂你的幽默或音乐品味。他们本就不必听到你的铃声。

多少是太多

还记得"互惠性"吗？我们曾说过友谊和对话都像打网球或者玩跷跷板一样，要双方保持平衡才能玩得起来。如果一方压倒了另一方，那么游戏就会马上结束，或者变得索然无味。电子交流也是这么个原理。

在留言板、推送、短信上发送信息的数量并没有明确的规则可言，请你参照"友谊的等级"的等级，避免让快乐变成沮丧。请你留意你发短信的频率，避免成为依靠短息来维持友谊的害虫。请您注意信息的重要性以及发信息的具体时间（我在早上六点的时候收到了一个没有营养的短信——感觉很糟糕）。你可以换位思考，来得到答案。

将你的每一条短信都看成对话的一部分。用"互惠性"检查一遍。你跟这个人发短信的频率跟他给你发短信的频率类似吗？你们之间的跷跷板平衡吗？如果你发得太多了，别人会感到厌烦。快停下！等他给你发短信了，再给他发吧。

另一方面，也别总让他等着。如果你喜欢某个人，想和他成为朋友（甚至更亲密），请确定你回复了他的短信。否则，你就是离开了你们之间的跷跷板，你朋友会重重地摔到地上。

苏格拉底又来了

你还记得苏格拉底的"三重滤纸"测验吗？对言语有用的对文字同样适用——甚至更适用。因此，如果你不记得你读过的网络礼仪了，请一定记得冲动是魔鬼。等一等！！！你给任何人发信息之前，问问你自己：这是真的吗？是善意的、好心的吗？是有用的、必要的吗？如果他们通过了滤纸，那就去做吧！否则，就删除它们，重新来过。

· 28 ·

最可爱的曲线和一扇开着的门

淑女品质和绅士风度仍然存在,而且还好好的

必须知道的

- 对于那个命中注定的女神或男神，那个怪怪的自己就是世界上最具吸引力的人。
- 没有哪个男人或女人值得你为之流泪，对的人不会让你如此心碎。
- 自信、礼貌和自尊是最吸引人的事。
- "美丽"和"火辣"不是一回事。
- 做一个淑女意味着自尊和自信。
- 做一个绅士意味着具有常识和教养。

自闭症孩子的逻辑

我爸爸有句话每次一出口就绝对能把我气疯。尽管作为一个自闭症人，我敢肯定，他自己肯定没有意识到后果。"那看起来不是很淑女"这句话，比其他任何的批评都让人恼怒。难道我还要行屈膝礼，还要翘兰花指吗？毕竟，我可是个21世纪的新女性。如果你问我，我会跟你说，"淑女"这个词听起来过时又无礼。

当然，他也从来没问过我，其他人也没有问过我。这到后来却是件好事，因为（跟其他很多时候一样）我在这件事情上真是错得太离谱。等会儿我再来讲这个事情。

把时间后退到我读大学的时候。那时我跟一位来自新奥尔良的一位好好先生约会了。新奥尔良在美国差不多属于最南边的地区。你们很多人可能都对那儿不熟悉。尽管我成人之后一直生活在南方，也算个南方人，但是他"过时"的礼貌跟他完美地融为一体，和他那边的文化融为一体。在这一点上我根本不能和他相提并论。他的这种"老套"的行为方式令人印象深刻。他总是会为我开门，当我穿外套的时候，他会帮我提着外套，这样我就可以很方便地穿进去，等等。这看起来像是旧学派的作风，但事实上，我跟他说，我非常感激他如此的"绅士"。尽管"绅士"这个词跟"淑女"一样过时，但我们彼此都知道，我是在用这个词赞美他。

很奇怪吧。当我是个孩子的时候，我努力反抗"淑女"这个词，当我长大了，却为认识一位"绅士"而感到高兴。好吧，这个世界上社会标签和规则总是在不断改变。一个词汇50年前的意思可能和它现在的意思大不相同了。跟社会一样，词汇也在不断变迁。虽然"淑女"和"绅士"这样的词在你我听来一样土得掉渣，但事实上，神经典型世界（以及一小部分自闭症人）喜欢那些具有绅士和淑女范的人。为什么？因为任何时代的绅士和淑女都是行为得体、充满自信、真诚善良的人。他们拥有那些好品质。

女孩们，你可能以为你的目标是让男生觉得你很"火辣"。男生们，你认为女孩总是喜欢小痞子而不是好好先生。告诉你们，你们错了。在这世界上，没有比自信、礼貌和自尊更具吸引力的东西了。即使我们确实是这样的自信，讲礼貌和自尊的，我们又该如何表现呢？我很高兴你提出了这个问题。接下来我们来谈一谈。女士优先吧！

自闭症女孩对自闭症女孩：
短裙和水果圈

当我还在读高中的时候，我在音乐剧中饰演了一个角色。我演的是个勾人的小妖精——通过动些"小脑筋"，用点"小天赋"，"不论她喜欢什么，她总能得到"。她的天赋就是赢得男性的垂青。她是火辣的，因而我不得不是火辣的。某天晚上，我在1000多人面前又唱又跳，最后还把自己脱得只剩下网眼黑丝和蕾丝边。"字典脑"震惊了全场。那天在场的所有学生都对我印象深刻。

这也给我留下了深刻印象。在一周之内，我从一个毫无社交生活的人变成了一只穿梭在百花丛中的花蝴蝶。男孩子到处追我，给我打电话，调情，和我一起散步，带我一起兜风。每个周末我都收到数不清的邀请函。我感觉自己就像个停留在万花筒前面的孩子，再也不愿意挪开自己的脚步了。

但我也从这件事中学到了一点：站得越高，摔得越痛。当你站在高处的时候，别人看到的你已经不再是一个人，而是一个物件，而物件是随时可以丢弃的。这也是为什么，我最后会如此讨厌这个世界竟然将"火辣"和"美丽"画起等号。它们根本就不是一回事，这两者之间的区别就是我曾迷失的地方，也是让我受伤的地方。

简单来说，"火辣"女孩是所有男生都盯着的那个，而"美丽"女孩则是所有女孩都盯着的那个。"火辣"女孩需要关注，也得到了关注。她会被搭讪，被很多男士接近。而"美丽"的那个则不一定会——她会吓退所有不安全的人。她聪明，她善良，她自信，她在别人眼中寻找美。

通过学习成为最好的自己，成为美丽女孩。你该怎么做呢？

看着你自己的眼睛，提高你想提高的，提醒自己，自己是别人无法替代的。我们自闭症女孩是这充满美酒的世界中的水果圈，让生活变得更加多彩。

我希望你能成长为一位美丽的"淑女"——而不是一个顽固的守旧派。成为一个独立、富有同情心、有型的女孩，真实但不完美。对你的朋友好，对爱你的人好，对家人好，对自己也好。你会成功，会跌跌撞撞地跨过生活中的坎。优雅，低调。神经典型世界的真理：你的行为会影响每一个人。这也就是为什么你成功和跌倒的方式会影响这个世界对待你的方式一样。

"淑女"是由她所选择的行为方式确定的。因为你的行为完全由你选择，你可以选择成为淑女，也可以不选择。你会花时间去学说"请"、"谢谢"，甚至学习对无关紧要的人说"对不起"吗？你会变得大方，并发现世界上总有一些事情值得感恩吗？你会小心地保持身体健康，语言优雅，头脑灵活吗？

现在就把目标定位为"做一个淑女"吧！一个自闭症淑女。按照神经典型世界期待的那样做到彬彬有礼，尊重他人（所需做的就是你在这本书中读到的！）。为自己代言，你是优雅的、诚实的、有尊严的。还有其他的吗？

- 学习。受过良好教育的人会创造奇迹。努力工作，尽可能多地学习（记住每次只展示一点）。
- 你最美的曲线就是你的微笑。常常带着它，展现它。
- 男孩也可以成为好朋友。
- 记住：Hygeia 和 Aphrodite 永远是最好的朋友是有原因的。
- 咒骂是那些无法灵活表达自己的人才会做的事情。
- 流行元素一直在变，身材也各有不同。有一些款式是永远经典的。良好的剪裁，温和的色彩（加上黑色），自然织物（比如棉），这些总是很棒的。你也可以再加点装饰物让自己看起来更活泼些。
- 自信、可疑和垃圾之间的差别非常微妙。别跨过了界。给想象留一些空间。选择"美丽"而不是"火辣"。就像我的一位男性朋友指出的那样：女性在约会时穿多少衣服直接等同于关系会维持多长。一次就把所有东西秀个够，不等于你就是个自信的女孩，反而显得你"没有安全感、拜金、物质"。那样可以帮你获取关注，但绝不能帮你赢得他人的心。
- 在化妆和着装时，每次只突出一个重点。化妆：浓重的眼影或浓艳的唇彩，二选一。着装：每次只突出一个部位。为短裙搭配长袖。给牛仔裤或卡其裤搭配更合适的上衣。
- 如果你不确定该怎么穿，问问主人吧！
- 男生也是普通人！如果收到了不中意男孩的邀约，你也可以拒绝。

但是请你礼貌地说出来，而不是逃避他或者撒谎。那样做很坏。"对不起，我觉得我们不是很有缘"，就是一个完美的、礼貌的回答。
- 记住：没有男孩值得你为他伤心欲绝。对的人，不会让你哭泣。

谦虚地说出你的成功和坎坷。你不必吹牛，也不必把自己看扁。你只需要养成一个能够大声告诉自己"我很美，我很好"的习惯。

嘿！轮到你们了。男子汉们！

我觉得我有点偏心，因为我认为我丈夫真是太赞了。他英俊、强壮、睿智。他是真正的男子汉。而且，他还是个不折不扣的绅士。我告诉你们这些是想避免你们以为绅士就是娘娘腔的失败者。如果你们这么想，那真是大错特错了。成为一位绅士并不意味着你会成为对任何人都唯唯诺诺的好好先生。

成为绅士意味着你有良好的常识和教养。这意味着你表现出受到其他男性尊重的举止。说句真心话，女孩也会喜欢那样的你。要成为绅士，首先，你得诚实、值得信任（非常的自闭症范儿）和受人尊敬。这就需要用到积极倾听和灵活思考的技巧。毕竟，人们尊重那些尊重他们的人。

为什么要当绅士？这对你有什么好处？让我直接告诉你吧！这可以帮你赚钱，可以帮你找到女朋友。**一个学着当绅士的男性在任何事业上都会有一番作为，会成为对女性特别有吸引力的人**。（我知道，因为我就是被这样的人吸引了。）

你的目标是让你周围的人觉得舒服——如果你觉得周围的人让你不舒服，这可能就很难了，但也别担心。我不是要你成为好好先生。你需要做的不过是那些我们已经讲过的对话技巧：

- 如果你感到舒服的话，与他人进行目光接触

- 用他或她的名字，而不是仅仅用他／她这样的代词（这能说明你关注他们了，而且会让他们感到很舒服）
- 提问题而不是不停地讲自己或自己的爱好
- 自我介绍（别等到另一个人来提醒你）
- 别骂人——这不会让你变酷，只会让你变傻
- 还有一件非常重要的事情：骑士风度

你是说像个骑士一样？

当我说骑士风度的时候，如果你知道这个词的来源，那么你可能会想到圆桌骑士或者其他相关的事情。男子汉们，我可不是在叫你们出去弄一套铠甲。骑士风度，依照我的定义就是：你和女性的互动方式。这些东西是我在大学的时候偶然学到的，也是我爱上我丈夫的原因。**骑士风度指的是你认为女性在智力和能力上与男性相同，但同时也明白她们事实上不是男人。**

你喜欢女性的原因很可能恰恰是她们跟你的不同之处。她们的形体，她们的声音，甚至她们的微笑。毕竟，我们和你不同。就我自己而言，我非常享受自己是位女性。我也十分确信自己和任何男性一样聪明能干（或者勇敢）。因此，对我以及很多女孩而言，骑士风度就像一份友好的礼物。你尊重女权主义——那就是对我、对女孩、对我们所能做的一切。下面我列出了一些基本的例子：

- 为女孩开门（包括车门，在她入座之后你还应该帮她关上车门）
- 登上舷梯的时候应该走在她身边，而不是她身后
- 你们一起走的时候，你应该走在靠马路的一边
- 房间满了，又没有座位时，你应该为女孩（或者老人）让座
- 把女孩安全地送回家（不论是汽车接送，还是陪她走回家）
- 帮她穿外套
- 你们一起出去的时候，遇到熟人，你应该用她的姓名来介绍她

- 她觉得冷又没有外套的时候，你应该把自己的外套给她
- 不要亲吻她或者把你俩的事告诉别人，也别相信那些这么做的男孩说的话

公平地说，有一些女孩会因为你的绅士举动而感到被挑衅。别担心。尊重她们想要自己开门或不需要人让座的想法。

虽然，我知道作为一个自闭症人以及作为一个女孩是什么感觉，但我不知道当自闭症男是什么感受。非常巧的是，我碰巧和一位自闭症男结婚了。我的丈夫是一个英俊、友好，但是非常害羞又极度害怕女孩子的人。为什么害怕？据他说，很多情况下是因为他根本不知道自己脑袋里在想什么，而且他非常害怕被拒绝。

时间已经给了他丰富的阅历，因此我打算采访他。我要求他想象自己坐在桌子边和十几岁的自己聊天。作为一个自闭症成年男子，他有什么要对年轻的自己说呢？他说道：

自闭症男孩的内心视角

- **我从来也弄不懂"好女配渣男"的现象**。回过头来看，我常常对此抱怨，但我也没有做过什么去改变这个现象。很多时候，自闭症男孩因为羞于开口而错过了那个女孩。
- **你无法控制女孩去不去跟你约会，你也无法想象女孩拒绝你的理由**。你的目标就是战胜紧张，邀请她。这是你唯一可以控制的事情。如果你不开口问她，她永远也不可能同意跟你约会。
- **在你邀请女孩出去之前，你得做些让关系融洽的准备——一些除自我介绍之外的对话**。否则，你就会显得有些奇怪或者令人害怕。没有一个女孩会和一个让她们感到不舒服的人约会。
- **女孩会喜欢你为约会做足准备**。我当时没有意识到这一点。当我想表现得轻松一点的时候却总是手忙脚乱。在你约会之前，好好计划

一下这个晚上怎么过——预定一下行程，知道电影什么时候开始。这显得你对约会很用心，这个女孩对你很重要。

- **她读不出你心里的想法**。除非你大声说出来，否则她不可能知道你在心里是如何赞美她的。如果你不说，她也无法知道你在为什么感到烦恼。
- **别亲吻她或者告诉别人你俩的事**。在你们之间发生的事情就让它们停留在你俩之间，也别跟你的朋友谈她的感受。她是私下跟你说的这些事情，所以要替她保密。
- **女孩也是凡人**。尽管你认为她很漂亮，但她自己可能并不这么认为。她跟你一样，不过是个凡人，会有不安全感。虽然你一想到她就会小鹿乱撞，但如果你开口跟她讲话，她也就不那么遥不可及了。
- 做你自己，这样所有事情才会变得最好。

请一定注意个人卫生，这一点我们已经在前面讲过了。根据场合，穿得体的衣服，少喷点香水。哦，虽然这听起来有点怪，但是请相信我——注意你的鞋子。对女孩而言，它们可比你想象的重要得多。问一问耐克、骆驼、阿迪达斯等品牌店的导购员，让她们来帮你搭配一下衣服（还有鞋子），当你穿上它们的时候，表现出绅士的样子来吧。

最后，男子汉们，美丽的女孩不需要更多的倾慕者。她希望身边的人能把她当作一个平等的人，而不是一个物品。最重要的是，她必须发现你身上的魅力之处。所以，做那个真实而乖乖的自己。对你的真命天女而言，那就是她遇到的最有魅力的人。

· 29 ·
除了土豆泥之外还有很多好吃的

错失全局

必须知道的

- 自闭症人喜欢关注细节，而神经典型人则喜欢关注整体。
- 神经典型世界希望我们能明白"整体观念"或"完形"。
- 积极倾听技巧（镜子！镜子！）和信号词汇都助你听到别人的关键想法。
- "掌式阅读"（Palm Reading）能帮助你了解所有文字的主要意义。
- 你必须准确收集信息，只有这样才能支撑你的观点和想法。

自闭症孩子的逻辑

我最喜欢的节日是感恩节。在美国，感恩节约比圣诞节早一个月，也标志着冬季的正式开始。感恩节显然是感恩生活对我们的馈赠。但是说真的，这一天真正的重头戏是感恩晚餐。小时候，你可能会围在儿童桌旁边，也许和你几乎不怎么认识的表兄妹一起，也许和你讨厌的兄弟姐妹一起玩耍。一旦端上一年中最丰盛的晚餐时，你和谁在一起都不再重要了。

玉米面包和糖衣土豆，捣碎的黄油土豆泥，蔓越莓酱，热乎乎的卷儿，烤火鸡，青豆，一年只做一次的秘制砂锅，吃完之后还有水果派和巧克力蛋糕，风味独特的水果酒，还有这一季的第一块圣诞饼。这是一场眼、口、鼻的盛宴。

请允许我当一小会儿老师（我曾经是个英语老师，我想这扯得不算太远吧），别担心，我很快就会讲完。你刚才所读段落的主题是什么？上面这一段文字主要是关于感恩节的，这一点我想你们应该没有异议吧。

好的，我的下一个问题是：这段文字的中心思想是什么？对一些自闭症人来说，这也许有点太难了。我等会再来说这个。

当我们第一次去诊断的时候，心理学家所寻找的其中一个"自闭症特征"就是对细节而非整体的迷恋。比如说，自闭症孩子会对车轴和车轮是如何协同运作让车子跑起来充满兴趣，但是却对用车子进行想象性的装扮游戏毫无兴趣。自闭症人可能会对单个音符和音乐节律的运作方式充满兴趣，对搭建上百块乐高积木乐此不疲，对拼复杂的拼图、拆解语法和词汇着迷，对化学元素的分类沉迷。

我们自闭症人在碎片和模式中发现美。他们具有催眠性，还非常规整。他们因简单而美丽，他们因复杂而美丽。这也难怪我们在这些碎片中迷失了自己。有时候，我真为神经典型人感到悲哀。他们真的不会欣赏模式、链接和节奏，他们只知道关注整体。

事实上，神经典型人认为我们对细节的关注是件麻烦事。他们说我们对细节的迷恋让我们迷失了对大局和整体（他们管这叫"完形"）的认知。那听起来似乎有些道理。如果把注意力全部投在了细节上，我们就很难有精力去关注整体思想或概念。

我并不认为这两种观点存在孰优孰劣的问题。这就像看马赛克一样。走近一步（就像我们自闭症人），每一个细节本身就很美。往后退一步（就像神经典型人），由这些细节组成的整体图案也令人惊叹。两种方式都有其价值。

既然这本书是为我们而写的，那我就有责任告诉你神经典型人看到了什么，我们应该怎么使用那些"内部信息"。神经典型世界希望我们看到"大局"，并希望我们按照他们希望的做出反应。

护士鲨和土豆泥

几年前，当我女儿（一个自闭症女孩）在做听力理解测验时，我就坐在外面静静地听。那天，言语治疗师大声朗读了整整一段文字。"护士鲨，它吃什么，它们住在哪儿，有特定的体型"，等等。反正是讲了很多关于这种鱼的信息。然后，她问我的自闭症女儿刚才她读了什么。我女儿几乎一字不差地复述了刚才所读的那个段落。

她在那个测验上得到了一个完美的分数，她就像复读机一样把她听到的播放了出来，但她其实并没有把碎片拼接起来。她根本没有把细节叠加起来去看"完整"的主题：护士鲨。

我再举一个例子。我的一个自闭症学生参加了谬误情境测验——一种解释为什么某种情境是荒谬的测验。孩子答对了，他认为"某个人滑冰横跨了大西洋"这一说法是愚蠢的。她争辩道：滑过北冰洋倒是有可能，但大西洋是不可能的，因为它从来不结冰。在我听来，这真是个很棒的答案，但公布正确答案的心理学家指出这一说法的愚蠢之处不在于是哪个洋，而是人们通常不会在海洋上滑冰。这时，我才意识到我又错失了"全局"。我和我的学生都被细节绊住了脚，我们都没有看到"主要问题"。

你听说过"直击问题的心脏"这个表达吗？其意思是直接抓住别人想要表达的主要观点，直接理解最重要的信息，把额外的碎片先放一边。你可能会说，我们自闭症人不是直击问题的心脏，而是先直击问题的脚趾甲。细节总是抓走了我们的注意，让我们再也挪不开眼睛了。对我们而言，故事或思想的细节本该是我们忽略的部分。但是恰恰相反，我们总是在细节上迷了路，错过了主要观点。结果导致发言者觉得我们没有认真听讲（变得很生气或很伤心），或者在不重要的细节信息上花费了太多精力。那样很快就会毁了我们的友谊或学校工作。

让我们回到感恩节晚餐这个话题上来。那真是一场视觉盛宴。我们眼前是无尽的、色泽鲜亮的大餐……但是我们根本就没有看这大餐。我们只看到了一碗土豆泥。而且，你不得不承认，当天除了土豆泥之外有很多好吃的。

找到心脏而不是脚趾甲

传达信息的方式无非是两种：文字（你可以阅读它们）和语言（你可以倾听）。

思想从别人的大脑中传递到你的大脑中这一过程涉及复杂的程序：(1) 他必须知道自己想要说些什么；(2) 他必须谨慎、清晰地选择能够表达他思想或感情的词汇；(3) 你必须倾听他说了什么（多希望你别在这个时候分心），并且把你听到的进行解释；(4) 即使没有人在任何一个环节出错，这个过程也至少涉及四个步骤。即使这样，完成了以上四步后，你还没有对他所说的进行回应呢。难怪这个过程这么令人困惑！

因此，你要做些什么才能抓住中心思想——"感恩大餐"或"问题心脏"呢？

- 当和家人或朋友讲话的时候：用上积极倾听技巧。他们会帮助你确认你理解的是否和他们表达的一致。时不时地确认一下。
- 回去重读"魔镜！魔镜！"这一章！勤加练习。
- 在学校时，当老师做出以下行为的时候，请记下他所说的任何内容：
  - 重复之前所说的
  - 把信息写在黑板上
  - 把想法细分成几个小部分
  - 进行正反的对比
  - 声音变得响亮
- 留心信号词汇。你在学校的时候经常会听到这些词汇，它们就像铁道路口的信号灯。它们告诉你"停，看，听"。有些重要的事情就要发生了。

信号词汇的类型	例子	它的作用
引入	今天，我们将来谈一谈…… 今天课程结束之后，你应该知道……	给你主要内容的主要观点
减弱语气	虽然…… 尽管…… 仍然……	指出一般规则或模式的例外情况
因果	因为…… 结果……	解释思想或事件之间的练习
对比	另一方面…… 相反…… 可是…… 类似的……	表现思想、事件之间的相似性或差异性
举例	比如…… 例如…… 诸如……	给出解释；为证明和支持更大的观点提供细节
重复或强调	换言之…… 再次…… 总而言之……	重述信息；这告诉你这个信息很重要——可能就是主要观点
测验提示	记住！ 记下来！ 你还会看到这个的……	这是教师让他所说的更有力的方式，并指出这个可能会在测验中考查
总结	最后 总的来说	总结陈词

- 当阅读（任何材料）时："掌式阅读"是一种能够帮助你发现阅读材料中心思想的一种方式。把你的手掌想象成别人想要告诉你的信息。你可以在一张白纸上拓印一个手掌印，这样你就可以看到你在做什么。接下来你就可以使用这个"方便"的信息组织者。记住：这个手印不必画得多么完美或好看——它只是做个样子而已。

- 想要练习"掌式阅读"？一起来试一试我的第一段落吧。你看到哪个词汇或者主题是出现了一次又一次的？"感恩节"，那就是主题——一个宽泛的主题。

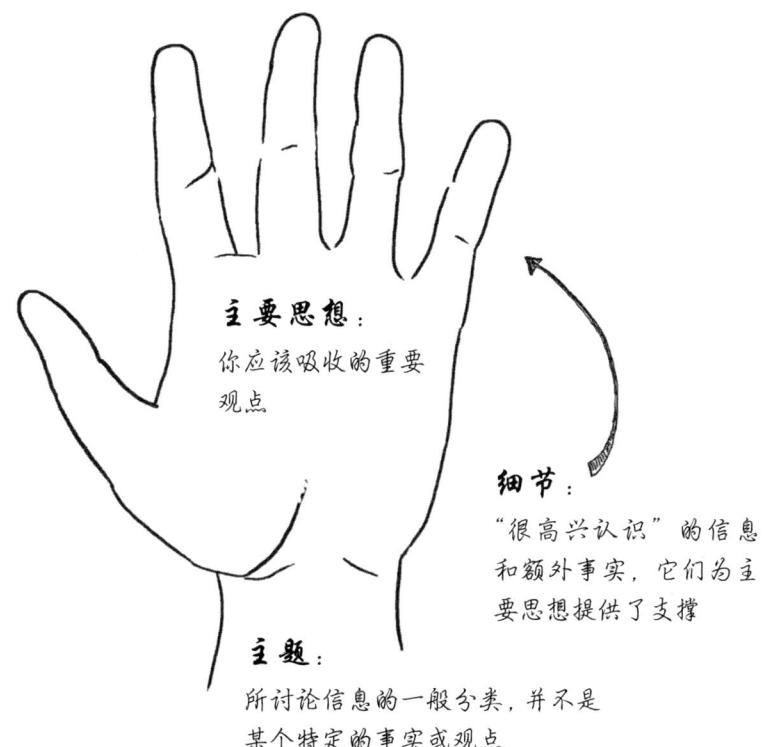

中心思想是作者想要传达的最主要观点，比任何事情都重要。其他所有观点都指向这个思想。我们将它放在"手掌的掌心部位"，提醒你中心思想是你需要理解信息的中心。

如果你对中心思想感到不确定，可以看看细节，这些细节组合起来就形成了一个大图景。在这个例子中，请你注意我列出了一长串跟感恩节有关的食物（用了很多的形容词）。我也提到了桌子以及菜。如果这些食物（如火鸡、土豆泥和派）和盘子是细节，那么中心思想就是："这一天的重头戏是感恩晚餐。"

我们可以为这个答案辩护吗？当然可以。我们的中心思想跟主题（感恩节）相关，所有的细节（有关食物的介绍等）都支持这个观点：感恩晚餐是这一天的重点。

所以呢？

这本书不是教科书。因此，我们不会因为中心思想在学校考试中考查得最多，因而在这本书中花大篇幅来写"中心思想"。（尽管它确实值得引起注意。）

我们这么做是因为世界想要跟你沟通。当你倾听朋友的苦恼、教师考前的指导，或者想看一个新的电影时——你都需要知道他们主要说了什么。不论你是在读这本书，还是在读地理杂志或莎士比亚文集——你都应该把所有词语和观点凝结成一个中心思想。

为什么？因为你不必全都赞同别人的观点、论点或思想。你要有自己的声音、自己的想法、自己的经验。而且，你也有权利拥有它们。

但是我们因自己的观点、而非事实被世界知道。只有当证据支持你的观点时，神经典型世界才会听你说。

你该怎么做到这一点？通过理解中心思想，吸收信息，并用你的大脑对他们进行过滤。不论你是在听歌还是在读百科全书，你都必须准确地把别人的知识吸收进自己的大脑。你必须弄明白别人说的重点是什么，并把那些不重要的忘记。你必须思考你学到的，并拷问它，建立自己的观点。这也是你一开始读这本书的初衷。

· 30 ·

欺负，打小报告和蜂后

从欺凌者那里夺回你的力量

必须知道的

- 自闭症人常常是被欺凌的主要受害者,因为我们与众不同且常常没有防御性。
- 打小报告旨在让人陷入麻烦,而告知则是伸出援手。
- 你只能主宰自己做什么,除非在他人会受伤或被欺凌时,否则,别总是充当"国际警察"。
- 欺凌的目的在于夺走你的力量。告知则是帮你把它夺回来。
- 女孩之间的欺凌很复杂。自闭症女孩和他们的家人应该读一读《蜂后和跟屁虫》(*Queen Bees and Wannabes*)这本书,能帮助他们理解神经典型小团体中女孩们所扮演的角色。

自闭症孩子的逻辑

让我们直接进入主题吧。快乐的人不会伤害别人,但欺凌者们会。他们是一群以捕猎心地善良却又毫无防御的人为乐的一群人。回顾我的生活,我发现那些欺负我的人每一个都有自己的伤疤。她们每个人都在弱势者(比如我)身上寻找发泄先前痛苦的途径。不,我并不是在为她们找借口,但我确实为她们感到难过。

我多希望自己能够告诉你:到了高中或者某个神奇的年龄段,欺凌就会从生活中消失。但是,我不能。只要世界上还有伤心的人,还有对未知感到恐惧的人,还有嫉妒的人,世上就会有欺凌。只要我们自闭症人还是与神经典型人不同,我们就会受到欺凌,我们就会被利用。这也是为什么我现在就希望你能了解被欺凌的原因。

打小报告和告知：如何对他们进行区别

如果你也看过《飞哥与小佛》(*Phineas and Freb*) 这个电视剧的话（这是我最爱看的），你就会知道坎达丝（Candace），这个大姐姐总是打压她的弟弟——她可真是个扫兴鬼。当男孩子们正兴致勃勃地策划暑假里如何干几件欢乐的大事儿时（做个世界上最大的保龄球，玩一次最高的高空飞索），Candace 却总想着怎么给他们找点麻烦。

她是在打小报告还是在告知？谁也不想被别人看作专打小报告的人，那么两者的区别在哪里？换句话说，你的目的是什么？你是想打压某些人吗（像坎达丝那样）？或者你本来是想帮助别人？这一点其实很好区别：

打小报告的目的是让人陷入麻烦。

告知的目的是想给人帮助（包括你自己！）。

然而……

这儿有个自闭症陷阱，当心！ 我们喜欢规则——它让我们感觉井井有条。我们喜欢每个人时时刻刻都能遵守规则。问题是，他们并不这样做。别人可不想你去告诉他该怎么做。即使你不是故意的，当你在没有任何人受到伤害的情况下报告你的同伴破坏了规则，他们就会认为你是在打小报告。**请记住这一点：别试图控制任何人。你只能控制你自己做什么。** 除非别人会受伤或者会受欺负，别去当"警察"。让成人来当权威吧。

欺凌的目的在于夺取力量。欺凌是关于得到力量并持有力量的恶作剧。告知则是为了把你的力量收回来。它是在告诉世界该怎么对待你。

欺凌者利用武力来让你（和其他小朋友）保持安静。不论是男生堆里的小恶霸，还是女生堆里那个控制别人邀请名单的蜂后，他们要成功都需要旁观者无动于衷和麻木不仁。他们会辱骂那些"告密者"，或者威胁那些碍事儿的人。很多时候，人们会袖手旁观。但他们本不该那么做。你也不该那么做。只要孩子还不懂打小报告和告知之间的区别，还不够勇敢地去挺身而出，那些欺凌者就会占上风。

所以，怎样才算欺凌呢？欺凌就是：

- 嘲笑，骂人，打压
- 猛推，揍人，把人倒挂
- （任何形式的）威胁
- 说谎，泄密，或者传播谣言（不论是在现实生活中，还是在网上）
- 偷走你的东西
- 排挤（让别人不理你，要别人不和你做朋友）

欺凌是故意的

欺凌者做了坏事却不被抓住。

他们希望受害者和其他孩子观看这个过程，目的是吓唬他们，免得他们告诉老师。

让我们也吓他们一跳。做点什么吧！

好的！——但是我该做点什么呢？

先来说一说你不能做什么。别相信别人口中的你。对你了解最少的人总是议论你最多。

正如我最喜欢的图像分享网站指出的那样：别想着和讨厌你的人和好。他们是最浑蛋的告密者。

接下来说一说，你应该做什么。当某人当面给你难堪时，最好的防御就是保持冷静。他们的目的在于让你生气，那么你就别让他们得逞。眼睛直直地看着他们……保持住（别作出回应）——然后转身，继续做你刚才在做的事或者在说的话。你已经表明了你听到了他说的，但是你根本不想理他们，而且这样你根本就没有做任何会带来风险的事情。

然而，如果他们还在继续，或者你的人身安全受到了威胁，那么这时你就应该立刻改变应对方式了。

请温习自我倡导技巧（第25章，昂首挺胸站起来）。选择一个你信得过的成人，向他求助。哦，顺便说一句，那句"别理他们，他们就会走"的老话在这儿并不适用，至少不会起作用太久。那是父母教我们的，所以其他大人也可能这么说。如果是这样的话，你可以问问他还有什么好办法或者找学校里的其他大人帮忙。

总之，请记住：这世界也属于你。玛雅·安吉罗（Maya Angelou）大诗人曾经说过："我可以因为发生在我身上的事情而改变，但我不会因此而折损。"你得成为自己故事的主人公。现在，站出来，为自己寻求公正。

自闭症女孩对自闭症女孩的一点额外提示：小团体和蜂后

男生之间的欺凌通常更容易看得见，因为通常是肢体冲突。但你我都知道，女生之间的关系复杂得让人难以置信。所以说，我们自闭症女孩，在一开始就处于一个社交不利的地位。让我们去侦查哪个是披着羊皮的狼真是太不公平了。这就好像要求一个聋人不仅要听音乐，还要记住音调并唱出来。这简直不可能嘛！

想象一下，你随便拿起一本你从没读过的小说，随意翻到一页，然后凑得很近，最好在你的指尖那儿放一个放大镜，这样你看到的就是一个个字母或者单词了。好了，现在，请你给我讲讲这本书讲了点什么。什么！我除了单个字母之外，什么也没看到，我怎么能说得出来？

确实是这样。你就是离这个由永远的好朋友以及绝交的人组成的世界太近了。去朋友家过夜和演喜剧给了你机会去了解你身边发生了什么。尽管我也才三十几岁，但是我确实比你看得更清楚。请你相信，在你20岁之前，这样的事情会常常发生。

希望我提供证明，你才相信我？好吧，我跟你一样，都是自闭症女孩，我也知道极度想要合群是什么样的感受。我也知道为了美丽穿上紧身牛仔裤的感觉，以及交了一个背地里取笑你的朋友的感觉。我也曾为了苗条，节食到差点昏倒，也曾和我根本不信任的男孩去陌生而危险的地方约会，也曾让别人来决定我是谁。男生们说我是个一眼看上去就知道很好相处的人，女孩们认为我是个有意思的人。这些都是非常好的赞美，但是很久之前，这些我都听不到，我听到的只有别人对我的侮辱。还好，后来我终于弄明白了，我们不是怪胎，我们是古灵精怪，是精彩绝伦的。

你——我的自闭症女性朋友，并不孤单。我就在你的身边，我也为在你身边而感到高兴。请相信我分享的是我最宝贵的东西——我也把这些分享给我的宝贝女儿（她有时会听我几句）。当你正为女孩世界中那些疯狂的事情而烦恼时，请找一位爱你的成人，这个人可以是你的妈妈，你的爸爸，姑姑或者学校的咨询员。然后，我希望你们能够一起读一本叫《蜂后和跟屁虫》（*Queen Bees and Wannabes*）的书（Rosalind Wiseman）。在这本书中，写了很多关于神经典型女孩世界里的疯狂事情，这些事情我们不是生来就懂。

在《蜂后和跟屁虫》这本书中，Wiseman 小姐做了一项分类工作，就像我们之前将友谊分层一样。她将女孩和她们扮演的角色进行了分类。作为一个自闭症女孩，当我读到这一段文字的时候，我简直爱得要命。是的，我知道女孩中有一些是"领袖"。我甚至还记得曾有个女孩可以把手臂靠在另一个女孩的肩上，就好像那个女孩是个物品一样，而不是平等的人。这真是一种羞辱啊。但是，那个被靠的女孩竟然还因此觉得很光荣。除了辨别"领袖"之外，我看不出她们这样做有什么逻辑和原因。可能你也和我有相同的观点。

你可能知道真正的蜜蜂是用舞蹈来交流的。人类的"蜂后"也有其独特的舞步。这个"蜂后"会利用魅力、外表和谋略来影响其他女孩的互动方式。她削弱女孩以及她们之间的关系，以此来获得强大、重要的感觉。

在蜂后的皇宫中还有她的死党（试图取代皇后的位置），游民（在其他团体中也有朋友），旁观者（想要当好人，但更想融入团体），跟屁虫（为了融入团体可以不惜一切，她们最终会被接纳），还有伪君子（看起来很无害，欺骗你信任她们）(Wiseman，2009)。

小团体十分复杂，令人费解，关系微妙，变化不断，但这永远都不会是自闭症女孩的天然习惯，这只是大多数神经典型女孩的聚集方式——不论她们年龄如何。我们必须掌握寻找安全区域和结交真诚朋友的方法。如果我们找不到，我们就会成为神经典型女孩，甚至男孩的"攻击目标"。正因如此，你才必须了解蜂后的皇宫中到底有哪些人，以及你该如何跟她们打交道。

别让欺凌在你身上留下伤痕，在你心上留下伤疤。你是如此可爱，如此珍贵。你将如此精彩绝伦，千万别让别人挡了你的道。

· 31 ·

透过镜子看自己

解嘲自己但不沦为笑柄

必须知道的

- 嘲笑你的错误和嘲笑你不是一回事儿。
- 在神经典型世界中,嘲笑自己犯下的错误是最高级的幽默。
- 行为可以是可笑的,但人不是。玩笑指向的是你所做的事而非你这个人。
- 不要因为自己犯了错误就看不起自己。其实并没有那么糟糕,看轻自己不会让事情变好,只会让你失去自尊。
- 神经典型人认为自我解嘲的人是安全的、自信的、强壮的和可爱的。
- 那些不怕自我解嘲的人在自我解嘲时和每个人都建立了联系。
- 如果你已经在自嘲了,那么别人就无法嘲笑你了。

自闭症孩子的逻辑

人类历史上,在很长一段时间内,人们依靠磨光的石头或者平静的湖面来窥探自己的模样。大约有20万年之久,绝大多数人无法看到自己的模样。她们看不见自己的眼睛,自己的微笑,自己的脸庞,看不到别人看到的自己。直到两百年前,人们才发明了现在常用的镜子,让原本只属于少数人的特权扩大到其余人手中。忽然之间,你就可以清楚地盯着自己的眼睛看了。多亏了镜子,你可以看到自己原来有一张脸,有一个身子,一个跟别人眼中完全一样的自己。

你尝试过在镜子中追踪自己的眼睛移动的轨迹么?当然了,你根本不可能去那样做——但是我这么干过。那感觉就像你看着别人的脸。你好像和"他"是分离的,就好像镜子里面的那个人根本不是你。但镜子里面的那个人确实就是你。但是这跟笑有什么关系呢？关系大着呢！

即使是很小的孩子也会被闹剧和小丑剧逗乐——为什么滑稽的动作和脸上的蛋糕渍会在儿童电影中占有这么大的比例？因为一个满脸都是奶油的人看起来很傻。我两岁的女儿看到这个情境也会发笑。高级一点的喜剧的幽默感来源于意料之外的情境，而不是单个行为。让我来给你举个例子。

大学时期，我曾经是啦啦队队长。队员总是在排练时迟到，这让我们的教练很头疼。为了让大家都能准时来排练，她告诉大家如果谁迟到了就不能参加比赛。不仅如此，她还得在比赛的时候，穿着整套服装在一旁观赛——好让大家都看看这个不守纪律的人。这可真是吓坏我了。从那以后，我就再也没有迟到过。某天我们约好了傍晚6点半排练。我算好了时间，决定吃完饭再去排练的地方。我认为吃完饭再去体育中心（相当远的一个地方），时间绰绰有余。当我坐在餐厅，悠闲地吃着我的晚餐时，一队队友过来了，她们问我为什么还没去排练。我抬头看看她们说，现在才5点45，有什么好着急的。

可悲的是，我弄错了时间。排练6点就开始了，从餐厅走到那儿至少也要20分钟。这时天很黑，还下着雨，很冷。我立马夺门而出，把夹克衫披在头上当雨披。我沿着路边一路狂奔，躲闪着迎面而来的学生——忽然闪过一道光——我看到了一辆校园巴士，就要靠站。如果我能赶上那班巴士，那我就能准时到了。我拼尽全力，跑向那辆车，感觉自己的肺都要炸了。当我跑到的时候，车还没开，我赶紧上车，抓着扶手就往上跳，并大声说："请到体育中心！"，头发上的雨水顺着发丝直往下淌。周围忽然一下安静了，当把眼前的那摞湿发撩开，我才发现这安静是因为周围的乘客被我的模样震惊了。原来我跳上的根本就不是什么学校班车，而是一辆可怜的私家车。而我这个陌生的、湿嗒嗒的、大喊大叫的啦啦队长就这么突然地闯了进来。

被你猜对了。

是的，我还是没赶上彩排。但是她们没让我在一边坐小板凳。这个故事真是太可笑了。

　　现在，让我们来诚实地确认一下。你刚才笑了吗？或者，你觉得这个故事很好笑吗？我真希望你能这么认为，因为这是我最尴尬的时刻。正如我们之前讲到的，幽默——好笑之处——在于意想不到的情境。你（和我）没有料想到我最后竟然闯进了别人家的小卡车里。想要的结果并没有达成。

　　你看，这是不是很好笑？你是不是嘲笑我的错误了？

　　没有关系，嘲笑我的错误和嘲笑我不是一回事儿。

　　在神经典型人的世界中，嘲笑自己犯下的错误是最高级的幽默，因为这需要我们跳出自己的视野，站在别人的角度看问题。这就像在照镜子时看见的"另一张"脸，或者照片中的那张脸。把自己看成别人。

　　如果你只能从自己的角度看世界，那么生活就失去了很多的快乐。如果我只看到我淋成了落汤鸡，闯进了陌生人的车子，以及彩排迟到了这些事实，那么，这就一点也不好笑了。如果你能站在车子里的人的角度去看，那么他们真是被吓了一跳。他们会被这个意想不到的插曲逗得合不拢嘴，甚至我那个一本正经的教练在看到那个湿嗒嗒但有话要说的我时也被逗乐了。从别人的角度来看，这真是太有趣了。

　　不同的角度可以揭示那些非常滑稽的错误和荒谬的情境、缺点和漏洞。要看见这种幽默，要想自我解嘲，我们必须走出自己的世界。你毕竟和你犯的错误不是一回事儿。

有什么要紧？

　　即使对神经典型人来说，像世界看待他们一样来看待自己也是一件难事，更何况是我们自闭症人。所以，这有什么要紧的？为什么要这么努力地自我解嘲呢？因为这样做，我们不需要付出代价。我们不是在打压自己或欺负自己。我只是想让你站在别人的角度去看看那些愚蠢的惊喜。

行为可以是可笑的，但是人不是。

笑话指向的是你做的事，而不是你是谁。

把生活——或者自己——看得太过认真会丧失很多快乐。这也无法让你在神经典型世界过得顺畅。为什么？以下是一些原因：

- **笑一笑对你有好处**。笑很健康，它可以帮你降低血压，让你神采奕奕。如果你能自我解嘲，那么你就不愁没事儿乐了。如果你能做到，不论何时你需要找点快乐，你都能找到。
- **神经典型人认为会自我解嘲的人是安全的、自信的、可爱的**。那些没有安全感的人需要给你留下好印象，想要吹牛，想要抬高自己。但是没人想要身边围个炫耀狂。自信的人不会炫耀，他们非常确定自己的价值，不需要向任何人证明任何事。
- **自我解嘲让你变得亲民**。一个不惧怕拿自己开玩笑的人让别人愿意与之交谈。每个人都有尴尬的时刻，都会做错事情，都会做愚蠢的事情。每一个人！当你采用"自我消除幽默"（自己嘲笑自己的错误）时，你就表明你跟别人一样——你也会把事情搞砸。
- **神经典型人想要认识和结交可接近的人**。他们不喜欢没有安全感、总是扫兴的人。其实，很多自闭症人也是如此。
- **如果你已经在自我解嘲了，那么别人就无法再嘲笑你了**。如果你绊了一跤，手中的书全都掉了，人们会笑，因为这出人意料。在神经典型世界中，出人意料的情境不是可怕的就是奇怪的，要不就是滑稽的。如果你一心想要看起来很酷或者看起来很完美，当你绊倒的时候，你就不会笑。你会感到非常尴尬，甚至觉得生气或是沮丧，那么人们就会笑话你。但是如果你接受自己的笨手笨脚，嘲笑自己犯下的错误（因为这真的很可笑），那么笑声会一直陪伴着你。
- **事情不会再糟了**。错误只是错误而已，没什么大不了的。

周围的人经常告诉自闭症人要"放轻松点"，别把生活看得那么严肃。

31
透过镜子看自己

可事实是，尽管这个建议你听过千万遍，但你仍可能对"退一步"或者"站在别人的角度看"没有任何感觉。如果因为别人的嘲笑感到尴尬或沮丧，你也很难从另一个角度去发现这其中的有趣之处。如果你能把自己与此刻的不适感分离——那你可能能够对此刻的尴尬一笑置之。

对于我们自闭症人来说，别取笑自己的痛苦，唯有如此，别人对你的伤害才不会变得那么糟糕。这是欺骗，这是谎话，这毫无作用。一个著名的喜剧演员 Alan Alda 曾经说过：你应该嘲笑自己，但不能怀疑自己。与教师、朋友、约会对象、家人所建立的关系都应基于尊重。让自己变成教室里的小丑只会让你被嘲笑，无法为你赢来尊重。记住：你不是个笑话。

你知道吗，我发现一个很奇怪的现象。通常，当一个人痛苦之后，他会大笑。当一个人大笑之后，他会哭得撕心裂肺。有时候，当悲痛的感觉太过汹涌，你会不恰当地笑起来。在我看来，哭和笑两者之间有种神奇的联系——我们身体处理强烈感情的方式。

别把这个世界想象成一面清晰反射那个严肃的你的镜子。这个世界是一面反射出别人眼中那个傻傻的你的哈哈镜。试着做一个观察者，看别人做你的事情。这很可笑吗？诚实吗？让世界看看我们自闭症实际上并不是那么不同——我们并不害怕偶尔的搞砸。我们不认为自己比别人好，我们也不比别人差。我们知道我们的错误不会让我们成为失败者。而且，有时候，他还会让我们变得有趣，变得可以接近。成为你自己。

便 签 条

（自闭症人的真相便签条）

1. 如果你想要（或者期待）某事发生，但它却没有发生，说出来。问一问你该怎么做才能让它发生。

2. 如果你不希望某事发生，但它却发生了，说出来。问一问你信任的人，让他们帮助你。

3. 别人的建议不是对你智商的侮辱。它只是另一个可能（可能不会）对你有帮助的观点。

4. 除非你自己说出来，没人知道你想要什么，需要什么，或者喜欢什么。对你来说显而易见的东西，对别人可能并不如此。反之亦然。

5. 如果你总是讲个不停，那么即使说"对不起"也是一种打扰。

6. 当门打开时，等里面的人先出来后，才进去。

7. 问问别人需要怎样的帮助，而不是替他们决定需要什么样的帮助，否则你的好意就变成了自以为是和冒失无理。

8. 如果别人正在看节目，别切换电视频道。

9. 如果别人正在听音乐，在换歌的时候你也要问一问别人，以免打扰别人享受当前的歌曲。

10. 当放下电话之后，可以和别人分享一些信息。除非你告诉他们，否则没人知道电话里讲了什么。

11. 进入别人家之前敲敲门。别人说"请进"之后才进去。如果门锁着，你应该尊重别人的隐私。

12. 使用名字（事先做好准备），而不是代词（他，她，它，他们，这个，那个等）。"他有那个"无法让听者明白你想要说什么。请用"迈克"或者"凯文"来代替"他"，用"电话"或者"球"来代替"那个"。

13. 如果某人身体很忙碌，那么他的大脑可能也很忙碌。找其他时间来说重要的对话。

14. 面红耳赤。

15. 直接表达你需要别人怎么做，而不是你遇到的问题是什么（试着用"请您移一点过去"来代替"我看不见电视了"，或者用"我可以再要一杯吗"来代替"我的果汁喝完了"。)。

16. 甚至在你没看见别人的时候,他们也可能看到你。

17. 及时离开和准时到达一样重要。

18. 为别人开门。

19. 当别人为你开门的时候,记得说"谢谢你"。

20. 如果某人和你说悄悄话,他们想要的是隐私和保密。轻声回应或者耸耸肩来表示你没听懂。别用他人能听到的音量来回应或者提问。

21. 甚至当没人听你说话的时候,你也可以说"对不起"来体现你的良好教养。

22. "你打算什么时候离开"比"你打算待到什么时候"听起来舒服。

23. 意外确实会发生,这不能怪任何人。

24. 如果你遇到的人善良、热情,这真是太棒了。但请记得:熟人并不是朋友。

25. 只回答对你提出的问题。

26. 出卖别人秘密的人也会出卖你的秘密。

27. 如果你不得不说"别告诉别人……",那么你一开始就不该告诉任何人。

28. 如果你不打算告诉别人某事,那么一开始就不要跟人提起。

29. 别让别人的想法影响了你的决策,这会带走你的力量。

30. 如果你会比预约时间迟10分钟以上,请马上打电话通知。这表现了对别人时间价值的尊重。

31. 如果你打算取消预约(理发,看病,等等),那么请在24小时之前告知。这样做,空缺仍可能被补上,专业人员也就不会因此错失了赚钱的机会。

32. 在发送邮件之前,请等一等。请试试把信息浓缩成单句的、有力的话语。比起**啰唆**的句子,他们会更喜欢这样简洁有力的话语。

33. 当你说话时,你的音量要和其他说话的人相当。

34. 当你要约会朋友的前任时，最好和你朋友确认一下。

35. 男子汉们：在公共卫生间里，在你和另一个伙计之间最好隔开一个位子，除非所有的位子都满了。

36. 姑娘们：他会说"等会儿打给你"，但他不一定这么做。

37. 当你顺道拜访朋友的时候，应该先打个电话或者发个信息。惊喜式的拜访会让人感到不安。

38. 准时意味着可信和责任感。迟到则意味着你的不尊重和混乱。

39. 比约定的时间提早5分钟到，如果迟到，不能迟于10分钟。

40. 要用尊称或者职位（博士或者先生，等等）来称呼成人，除非他们自己提出可以不用。

41. 在公共场所（如影院和餐厅），如果场地允许选择，应和别人隔开一些距离，否则别人会觉得你在试图插入他们之间的对话。

42. 朋友和别人在一起度过了愉快的时光并不意味着你不被需要了。没人能够（应该）满足另一个人对于友谊的所有需求。

43. 电话留言应该简短、切中要点，而不是长篇大论。告诉他们你是谁，你希望谁回电话，如何联系你。

44. 如果你要凑近或者借道某人，说句"对不起"，即使没有碰到他们。

45. 如果你不确定你知道的事情应不应该保密，那么先别分享。

46. 让朋友在你和另一个人之间做选择显然是自取灭亡。

47. 当朋友过来一起玩的时候要有个计划，比如做一项活动（从做饼干到搭乐高积木），这样你们才有话可聊。

48. 等待邀请。要求别人让你去他们家玩或者参加派对，会让别人觉得有压力、不舒服。

49. 你有两只耳朵一张嘴，所以在一对一谈话中采用这个比例：用2/3的时间倾听，用1/3的时间说话。

50. 如果你觉得无聊，你可以不表现出来。在别人讲话的时候打哈欠是一件很不尊重人的事情。

51. 翻白眼这个动作表明你认为自己比别人更优秀。

52. 最好在房间里跟别人讲话（即使你可以听到另一个房间的声音）。

53. 问问你可以怎样帮忙，别假定你知道怎么做最好。

54. 如果你感到愤怒，请说出来。生气是可以接受的，但是暴力、刻薄、伤害是不可接受的。忍气吞声也没有必要——它只会让你在稍后大爆发。

55. 每个人都会放屁。其他人其实能看出来，即使你认为他们看不出来。因此，当你要放屁的时候，可以离开去休息室（最礼貌的做法），如果已经发生了，就说句："不好意思，请见谅。"

56. 当别人向你寻求意见的时候，给出建议——但是只在有人向你寻求意见时。其他时候这样做，会显得你很盛气凌人。

57. 身体机能或者身体问题最好在私下讨论（在家和医生、家长或者熟识的朋友）。

58. 尽全力做事。不论你真实能力如何，别人会认为他们看到的就是你最好的一面。

59. 厕所垃圾应放入垃圾桶。将所有私人的、污染的或脏的东西用厕纸包起来，然后处理它们。

60. 当排队等待时，请记得和你周围的人保持一个呼啦圈的距离。在药店的时候，距离应该更远一些。

61. 洗完手之后，用一次性纸巾把洗手台擦干。潮湿、肮脏的池子让人觉得不舒服。

62. 当你刷完牙之后要把牙膏沫冲掉，而不是任由它们风干。人们不想看到你嘴里的任何东西。

63. 当你想要别人帮助时，就去找人帮忙。别干等着。

64. 对借来的东西要更加谨慎小心。用好了就马上归还——别等人来要，并保持东西整洁。如果损坏了，就应该赔偿。

65. 在触摸别人的东西之前询问一声——千万别假定他们不会介意。控制自己能够表现出对他人的尊重以及良好的个人空间。

66. "我只是……"或者"我只是想……"不是破坏规则或者违反指令的借口。这只是伪装成逻辑论点的借口。

67. 感觉没有对错，但是引发这些感觉的想法可能是错的（因此你可能在没有必要的时候觉得沮丧、伤心或担忧）感觉是以下这些形容词："我感到（　　　）"（见一下感觉表格！）想法、思想、注意可能是随"我觉得……"而来。在你作出反应之前，先检查一下你的想法是否正确。

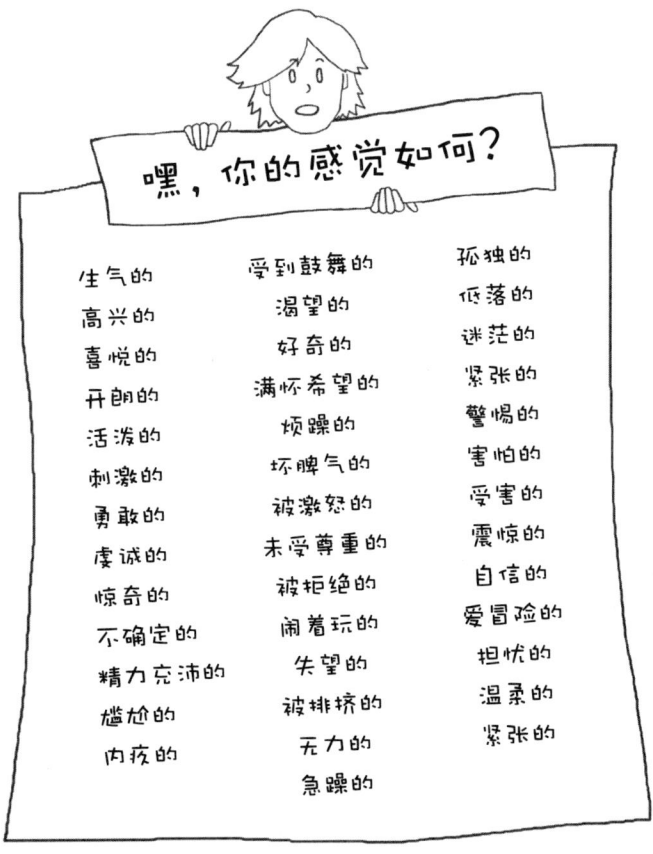

68. "我"开头的句子比"你"开头的句子要好。（"我不介意一周分享

一次。" vs "你向我借东西太频繁了。")

69. 把手放在衣服外面，把手管在自己身边。

70. 在餐厅里坐下来之前问一声："这个位置有人吗"。这很管用。

71. 如果两个人的身体靠得很近，而且他们说话的声音很低，请假定他们在讨论一些私密话题。别打扰他们。

72. 研究电视剧——尤其是那些为十几岁、二十几岁的人制作的迪斯尼剧。观察人物的着装，以此来获得现在的流行趋势。请注意剧中他们一来一回的说话，因为这会让对话继续。

73. 别因为某事现在对你最重要就以为它对所有人都最重要。

74. 别因为你有问题或者需要什么就摇醒在睡觉的人。等他们醒来再说。

75. 说话，而非尖叫。没人爱听尖叫声。大家喜欢听耳语。

76. 不请自来地去别人家或去别人的派对是很不礼貌的。

77. 请别去开别人的抽屉和橱柜。

78. 世上很少有事情是"从不"或者"一直"发生的。试着避免使用这些词汇。

79. 在你说话或者动笔之前，请想象一下你希望别人看到的景象。给出他们看到这个景象所需要的信息（地点，人物，时间，数量，颜色）。

80. 等一等，想一想。如果你需要时间，则说："我正在想我要说什么"，否则别人会误以为你走神了。

81. 如果你知道自己需要其他人的帮助，那么你就该特别予以关注。他们可能手头还有其他工作，所以不能立马过来帮忙。

82. 马上就做。如果你需要记很多事情，当你忘记其中一样的时候，你就向别人发出了你认为这个事情不重要的信号。当你打开邮件，收到语音留言，或者记起你必须要做的事情时，马上就做。在黑板上做个记号，或者在手机里设个闹钟，提醒自己什么时候应该完成它。

83. 不知道没关系，不尝试有关系。

84. 一切都会变得简单的，我保证。

练习部分

既然你已经读完了社交规则,那么现在是时候练习一下了。接下来,你将看到六个社交情境。有时候,事情进行得很顺利。在其他一些时候,不同的选择也可能导致更好的结局。想一想,你会做出什么选择,为什么这么选择。

当你在阅读的时候,你必须额外注意以下三个臭名昭著的自闭症陷阱:

- ◆ 心理失明(不考虑别人的观点)
- ◆ 冲动(不考虑结果地发言或行动)
- ◆ 非黑即白,全或无的思维方式(表现得像根未煮的意大利面)

好了,自闭症朋友们,我知道你们都已经做好准备了。坐好了,看看发生了什么,想想可以做出怎样的选择。问一问:哪些做得好,哪些可以更好——在你的生活中,你会怎样处理类似的情境呢?

情境1　中心思想

评论：哪些做得好，哪些还有待提高？

好的地方： 在门口时，他主动和客人打招呼，并邀请她进屋——这是一个好的开端。

需要提高的地方： 他没有必要对"家人"的概念进行纠正（三层滤网！），这样做会让客人感到尴尬。更重要的是，作为主人，他应该用名字的形式向朋友介绍他的妈妈和弟弟，而不是等她来询问。

此外，如果某人在一个你很熟悉但她不熟悉的地方（比如，你家），你应该引导他们——千万别背对着他们，让他们感到迷茫。"跟我一起走，去餐厅，如果你喜欢的话，我给你拿杯果汁！"这样会让客人在一个不熟悉的环境中觉得很安心，也会非常清楚此刻该在哪儿，该做点什么。

情境 2 挑选和选择

评论：哪些做得好，哪些还有待提高？

好的地方：一切都好。这个新来的女孩想根据自己和他们相处的经历来挑选朋友，而不是让别人告诉她该怎么做。她冒了很大（但很明智）的风险。她勇敢地回击了那些恶霸。请记住：朋友的质量——而不是数量——才是最重要的。

需要提高的地方：没有。除了那个坏女孩趾高气扬的女皇态度。

情境3　国际警察

评论：哪些做得好，哪些还有待提高？

好的地方： 这个自闭症女孩对待练习很认真，对老师也十分尊敬，在她所做的事情上也非常努力。

需要提高的地方： 在练习室里已经有一个权威人物了，那就是老师。如果其他孩子继续打打闹闹，他会纠正他们。自闭症女孩只需专注地练习，而不是去当"警察"，告诉别人该做什么，不该做什么（这也表明了你不信任老师可以做好他的本职工作）。

如果坏行为还在继续，没人过来纠正，那么她就可以在课后跟教练反映（自我倡导）——私下的——并且（不点名地）用"三明治语"讲。她可以向教练反映这个课对她来说是多么重要，但是当周围的同学在打打闹闹的时候，她却很难集中精力。这样老师仍旧拥有他的权威，同伴也没有在公共场合被她训斥，而她也得到了本该有的课堂环境。

情境4 站起来

评论：哪些做得好，哪些还有待提高？

好的地方：这里有很多地方都做得不错！两个孩子在活动前做了计划；他们对彼此的感情都非常坦诚（生气，自我怀疑，害怕，烦躁，放松，快乐）。他们都找到合适的机会表达自己的内心，也相互倾听——女孩没有直接得出结论：她的朋友是故意给她难堪。她跟朋友进行面对面的沟通，而不是在背后跟别人抱怨她的朋友。此外，男孩真诚地向女孩道歉，并得到了她的原谅。这些都很好，更不用说女孩的话还提醒我们一个错误不会毁了友谊。

需要提高的地方：男孩忘记了其他人的计划取决于他。因为忘记跟朋友说他改变了主意，把朋友的晚上搅得一团糟。任何良好关系的关键都是沟通。没人知道你想要什么、你的感觉如何、你在想什么，除非你告诉他们——你要告诉他们。毕竟，因为你的问题导致别人错失机会或者很不方便，是不公平的（反之亦然）。

情境5 忙碌的身体

评论：哪些做得好，哪些还有待提高？

好的地方： 我们的自闭症孩子确实寻求过帮助——这一点很重要。

需要提高的地方： 记住——忙碌的身体意味着忙碌的大脑。老师不会忽略你的朋友，他也不应该放弃求助。老师的身体语言（手指插在头发里）说明他非常焦躁，老师也已经过载了。看一看周围。发生了太多事情：吵闹，着火，爆炸！老师真的很忙，可能甚至都没听到关于试管的问题。这个时候我们的自闭症男孩最好找其他人帮忙，自己寻求问题的解决方案，或者等待老师冷静下来后再去问老师。

情境 6　美好的音乐

评论：哪些做得好，哪些还有待提高？

好的地方： 这个自闭症女孩意识到了她的灾难性思维。在想法和情感变得狂乱之前，自己先进行了确认，将真实所说的和不安的她所听到的进行了比对。她知道眼前的老师是可以信任的——所以老师的建议没有任何恶意。更棒的是，她感谢老师给出的建设性意见，并保证自己会利用这些意见进行改进。

需要提高的地方： 没有！一切都做得很好。带着这样的态度，自闭症人一定会在舞台上大放光彩。

插上叉子——我们完成了

结论

女士们，先生们，大功告成了。从"便签条"到"自闭症孩子的逻辑"，这本社交秘籍是你应该经常拿来翻一翻的书。在你真正合上这本书之前，我还要告诉你两个重要的故事。

第一个故事跟我最喜欢的电视剧《生活大爆炸》(*The Big Bang Theory*)有关。如果你还没看过这部热播剧，那你就有些跟不上潮流了，这可是一部化腐朽为神奇的电视剧。电视剧的主人公是四个年轻的科学家。他们爱超人，更爱科学。他们对社交一无所知。忽然之间，至少在电视上，这种怪怪的感觉变得酷酷的。由于《生活大爆炸》的热播，网上甚至还有这部剧的衍生产品的专卖店呢。

在该剧中最惹人爱的就是谢尔顿(Sheldon Cooper)博士，他明显是自闭症人。这位三十多岁的理论物理学家，超级聪明，但对隐私／公共没有任何概念，自豪地说着流利的克林贡语，只穿印有超级英雄标记的T恤，难以理解他人的讽刺，在沙发上有个专属座位，一旦常规改变就会变得很焦虑，且对社交常规也一无所知。这听起来很熟悉吧！他那令人头疼的骄傲中闪光的部分是——所有人都和他一起笑。因为我们知道在Sheldon粗鲁的语言和缺乏同情心的外表下藏着一颗善良的心。我也希望世界会以相同的方式来对待我们。

上周，我和我的自闭症男一起看《生活大爆炸》。我正坐在我的沙发专座上，吃着零食。非常巧合的是，当时谢尔顿向他的室友提了几个社交建议。谢尔顿解释道：在仔细观察典型人的互动之后，他发现典型人的社交行为并不是没有逻辑或毫无缘由的。在人类学的研究中，行为不是随机的——他们呈现出某种模式，并受到"非投机的社交常规"引导。我丈夫突然大笑起来。"我的天啊！"他喊道："谢尔顿一定是读了你的社交秘籍！"

我多么希望有人来给我们自闭症人介绍和解释一下社交模式。天啊，谢尔顿甚至还发明了一张科学的友谊流程表，叫做"友谊演算表"来帮助人们交朋友。这真是个戏剧性的大作。现在很多T恤上都印有这个流程图。为什么要告诉你这些？有两个原因。第一，因为我保证过，当你从你的视角中走出来，我们自闭症人也是一群充满欢乐的人，所以跟成千上万个喜欢谢尔顿的人一起笑吧。第二，如果世界上没有很多像你我这样的人，又怎么会有一部关于自闭症人怪异行为的电视剧呢？这部剧又怎么会被这么多人喜爱呢？我们自闭症人并不典型，但我们也绝不孤独。

有时候，你会觉得孤独。我知道。这也是为什么我要跟你讲第二个故事的原因。我爸爸也是个自闭症人。过去，他总是在节假日买四五张贺卡——因为他无法很好地表达自己的感情，所以他会搜集别人写的贺卡并把上面的词语拼凑起来，组成一段他认为能够表达他自己情感的句子。

自闭症人很难感受和表达情感。在神经典型世界中，我们可能会讲个不停，但我们很少被他理解。20世纪90年代，一部叫做《甜心俏佳人》(*All McBeal*)的电视剧非常火爆。虽然我不是很喜欢，但我同意其中说的一点：每个人都需要一首主题曲，它让低落的心情不那么低落。在真实生活中（与电视剧中相反），你所需要的是一个完整的播放列表。心情和环境确实会改变，但那些都是细节。

你看，你已经读完这本书了。这就是个好的开始。如果你真的希望它发挥作用，如果你想在你的自闭症皮囊下舒服地待着，并且还能说一些社交亲和的话语，那么你就需要不时地翻一翻这本书。在你遇到困难，觉得无法完成时，你可以从中汲取力量。

可能此刻你正在思考你的主题曲是什么。让我先来跟你说说我的吧。我十岁的时候就爱上了这首歌，它点亮了我的人生。我希望，我能把这份宝贵的财富也留给你："靠着我"（Lean On Me，Club Nouveau 版——下载这首歌，然后想想我）。如果你觉得这个世界让你觉得太累，觉得害怕，觉得空虚，那么你可以靠着我，靠着这书中的文字。当你觉得孤单的时候，拿起书，我就会在你身边，我就是你的朋友，我会帮助你前行。走进这个世界，尝试吧！即使搞砸了，也可以再尝试。做那个怪怪的、唯一的、精彩的自己。让世界变得更欢乐、更友善、更美好！

会害怕，会犯傻，会紧张。

变勇敢，变好奇，变坚强。

还要记得要，一直，一直，变高兴，变骄傲。

成为你自己。

参 考 文 献

书 籍

Attwood, T. (2007) *The Complete Guide to Asperger Syndrome.* London: Jessica Kingsley Publishers.

Carnegie, D. (1936) *How to Win Friends and Influence People.* New York: Simon & Schuster.

Fulgham, R. (2004) *All I Really Need to Know I Learned in Kindergarten* (15th anniversary edition). New York: Random House Publishing Group.

Henricks, R.G. (1989) Translation of original text by Lao Tzu. *Lao-Tzu: Te-Tao Ching.* New York: Ballantine Books.

Kennedy, L. (1992) *Business Etiquette for the Nineties: Your Ticket to Career Success.* South Carolina, SC: Palmetto Pub.

Seuss T.G. (1954) *Horton Hears a Who!* New York: Random House.

Vilord, T.J. (ed.) (2002) *1001 Motivational Quotes for Success.* Cherry Hill, NJ: Garden State Publishing.

White, E.B. (1952) *Charlotte's Web.* New York, NY: HarperCollins Publishers, Inc.

Whitman, W. "Song of Myself," in *Leaves of Grass.* Nashville, TN: American Renaissance.

Wiseman, R. (2009) *Queen Bees and Wannabes: Helping Your Daughter Survive Cliques, Gossip, Boyfriends, and the New Realities of Girl World.* New York: Three Rivers Press.

网 络 资 源

Tumblr Blogs
Etiquette for a Gentleman and Etiquette for a Lady
www.etiquetteforagentleman.tumblr.com and *www.etiquetteforalady.tumblr.com*

Information and Resources
Social Thinking® Online
www.socialthinking.com

媒 体

"The Friendship Algorithm" on *The Big Bang Theory*. Warner Brothers Television. Written by Chuck Lorre, 19 January 2009.

"Lean On Me" (1972) Written and originally recorded by Bill Withers. Club Nouveau version released in 1987.

Phineas and Ferb. Disney Channel Original Productions.

个 人 交 流

Dr. Irm Bellavia ("Hold the Pillow" concept), Adolescent and Pediatric Psychiatry, Charlotte, NC, May, 2011.

引用的资源

BrainyQuote
www.brainyquote.com
Database includes referenced quotes by Henry Ford, Ralph Waldo Emerson and Alan Alda.

SearchQuotes
www.searchquotes.com
Database includes referenced quote by Maya Angelou.